버추얼 휴먼, 새로운 인간

인공지능총서

인공지능 시대입니다. 기계가 인간의 인지를 대신하고, 사물이 인간을 통하지 않고 다른 사물과 직접 커뮤니케이션합니다. 이에 따른 인간 삶과 문명 변화를 정확히 이해·예측·대응하는 것은 이 시대 우리 모두의 과제입니다. 인공지능총서는 인공지능 기술과 환경의 여러 주제를 10가지 키워드로 정리합니다. 관련 개념과 이론, 학계와 산업계의 쟁점, 우리 일상의 변화를 다룹니다. 인간과 기술의 현재, 미래를 세심히 분석합니다.

일러두기

- 인명, 작품명, 저서명, 개념어 등은 한글과 함께 괄호 안에 해당 국가의 원어를 병기했습니다.
- 외래어 표기는 현행 어문규정의 외래어표기법을 따랐습니다. 다만 '딥러닝', '딥마인드', '딥페이크' 등은 관행을 따랐습니다.

버추얼 휴먼, 새로운 인간

이동윤

대한민국, 서울, 커뮤니케이션북스, 2025

버추얼 휴먼, 새로운 인간

지은이 이동윤
펴낸이 박영률

초판 1쇄 펴낸날 2025년 2월 3일

커뮤니케이션북스(주)
출판 등록 2007년 8월 17일 제313-2007-000166호
02880 서울시 성북구 성북로 5-11
전화(02) 7474 001, 팩스(02) 736 5047
commbooks@commbooks.com
www.commbooks.com

ISBN 979-11-7307-455-4 03500

책값은 뒤표지에 표시되어 있습니다.

차례

인공지능이 만든 새로운 인간

버추얼 휴먼은 인공지능(artificial intelligence, AI) 기술의 발전에 의해 탄생한 새로운 형태의 인간이다. 버추얼 휴먼의 겉모습은 점점 더 실제 인간과 육안으로 구분할 수 없는 수준으로 진화하고 있으며, 단순히 외형적인 면에서만이 아니라, 감정을 느끼고 이를 바탕으로 상호 작용하는 능력까지 갖춘 버추얼 휴먼으로 발전하고 있다. 딥러닝(deep learning: 인공 신경망을 통해 컴퓨터가 스스로 학습하는 기술)의 발전으로 주변 환경과 맥락을 이해하여 대화의 흐름을 자연스럽게 이어 가는 능력을 갖추게 된 것이다.

버추얼 휴먼의 발전은 대화 능력의 발전에 그치지 않고 최근에는 휴머노이드 로봇과 결합한 형태로 인간과의 상호 작용을 시도하고 있다. 드디어 버추얼 휴먼이 디스플레이에서 탈출하여 인간의 형체를 띠고 나타난 것이다. 버추얼 휴먼과 로보틱스의 결합은 오래전부터 많이 시도되었으며 영화 소재로도 자주 등장하였지만, 일반 소비자의 관점에서 자연스러운 상호 작용을 하기에는 기술적 완성도가 부족했으며, 상용화를 회의적으로 보는 시각도 적지 않았다.

하지만 필자는 최근 'GITEX2024'에서 한 휴머노이드 로봇과 짧은 대화를 경험하고, 적지 않은 충격을 받았다. 음성 인식부터 기계 작동까지 실시간에 가깝게 상호 작용하는 휴머노이드의 급속한 발전을 보며, 2004년 개봉 영화 〈아이로봇(I, Robot)〉처럼 인간과 일상을 함께하는 휴머노이드 로봇이 가정에 상용화되는 것은 이제 시간 문제라고 확신하게 되었다. 버추얼 휴먼은 이제 더는 모바일과 PC 화면 속에서 소프트웨어의 형태로 머무르지 않고, 로보틱스와 함께 걸어서 우리 삶에 다가올 것이다.

버추얼 휴먼의 진화: 감정 소통이 가능한 새로운 인격체

버추얼 휴먼 기술의 발전은 우리가 기존에 알고 있던 단순한 디지털 캐릭터의 개념을 넘어, 완전히 새로운 방식으로 인간의 경험을 재정의하고 있다. 최근 크게 주목받은 미국의 생성형 AI 플랫폼 캐릭터닷AI(Character.AI)는 사용자가 직접 가상 인격체를 만들어 감정적 상호 작용이 가능한 대화형 경험을 제공한다. 이와 같은 대화형 AI 캐릭터들은 인간과 유사한 대화 능력으로 감정적 상호 작용의 가능성을 열었으며, 이는 새로운 형태의 버추얼 휴먼으로 자리 잡고 있다. 실제로 캐릭터닷AI는 2024년 기준 월간 사용자 수가 2억 명을 넘어섰는데, 이는 가상 인격체와의 소통이 많은 사람에게 일상적인 경험이 되었음을 보여 주는 지표로 해석할 수 있다.

버추얼 휴먼이 현실의 아이돌을 앞지르는 사례도 있다. 플레이브(PLAVE)는 2023년에 데뷔한 K-팝 가상 아이돌 그룹으로, 외형은 컴퓨터 그래픽과 AI로 만들어졌지만, 실제 사람의 목소리와 움직임을 기반으로 연기되는 버추얼 아이돌이다. 이들은 독특한 콘셉트와 뛰어난 퍼포먼스로 한국과 글로벌 팬들에게 주목받고 있는데, 국내 대형 음원 플랫폼 멜론(Melon)에서 누적 스트리밍 10억 회(빌리언스 클럽)를 뉴진스(NewJeans)보다 빠르게 역대 최단기간으로 달성하며 버추얼 휴먼 산업의 가능성을 입증하기도 하였다.

노동의 생산성 제고 vs 인간을 대체

버추얼 휴먼은 의료 · 서비스 · 교육 등 다양한 분야에서 인간의 노동을 보완하거나 대체하며 생산성과 효율성을 극대화하는 데에 기여하고 있다. 인간 노동의 효율을 높이는 동시에 반복적이고 단순한 업무를 대신하여 수행하고 전문가들이 본연의 업무에 더욱 집중할 수 있는 환경을 조성하며, 버추얼 휴먼은 이제 단순히 흥미로운 개념이 아니라 노동 시장에서 실질적인 비즈니스 도구로 자리 잡고 있다.

서비스업에서는 고객 응대와 관리 업무의 디지털 트랜스포메이션에서 버추얼 휴먼의 도입 사례가 늘어나고 있다. 명동에 오픈한 일본 체인 헨나호텔은 로봇과 접목된 버추얼 휴먼을 활용하여 프런트 데스크와 객실 관리 업무를 자동화한 대표적인 사례다. 고객이 체크인할 때 로봇 직원이 예약 확인부터 객실 안내까지 다양한 언어로 응대하며, 객실 내에서는 음성 명령을 통해 조명 · 에어컨 · TV 등을 제어할 수 있는 시스템을 제공한다. 이러한 자동화 시스템을 통해 헨나호텔은 인건비를 절감하고 24시간 고객 응대 서비스를 제공하여 고객 만족도를 높이고 있다.

의료 분야에서는 수술 시뮬레이션, 재활 치료, 의료 교육 등 광범위한 영역에서 버추얼 휴먼 기술이 의료진의 역량을 강화하고, 환자들에게 더 나은 치료 경험을 제공하며, 의료의 효율성과 접근성을 높이는 데에 중요한 역할을 하고 있다. 사회 불안, 비행 공포증, PTSD(외상 후 스트레스 장애)와 같은 정신 건강 문제를 겪는 환자들은 이제 가상 현실 환경에 버추얼 휴먼을 활용한 치료를 받을 수 있다. 대표적으로 '버추얼 베트남(Virtual Vietnam)' 프로그램은 베트남 참전 군인들의 PTSD를 치료하기 위해 개발되어, 이들이 안전한 가상 환경에서 점진적으로 트라우마를 극복할 수 있도록 돕는다. 이러한 기술은 심리 치료의 몰입감과 효과를 높이며 환자들에게 안정감을 준다.

한편, 기술의 발전과 확산이 가져올 긍정적인 효과와 더불어, 특정 직종에서는 버추얼 휴먼이 인간의 일자리를 대체할 수 있다는 사회적 우려도 증가하고 있다. 콜센터의 상담 업무나 호텔의 리셉션 업무처럼 자동화된 응대가 가능한 분야에서는 이미 많은 기업이 버추얼 휴먼을 도입하여 인건비를 절감하고 있어, 반복적인 업무를 주로 수행하는 직종에서는 버추얼 휴먼이 인간의 자리를 빠르게 대신할 가능성이 작지 않다고 할 수 있다. 국제노동기구(ILO)의 2023년 보고서에 따르면 AI는 사무직 근로자의 업무 중 약 25%를 높은 수준으로, 50%를 중간 수준으로 자동화할 수 있는 잠재력을 가지고 있다. 이는 단순 반복 업무가 많은 직종에 특히 큰 충격을 줄 수 있음을 의미한다.

버추얼 휴먼의 윤리적 도전

버추얼 휴먼 기술의 급속한 발전은 인공지능(AI)의 진화와 불가분의 관계에 있다. 특히 인간의 형상을 갖춘 버추얼 휴먼은 그 적용 범위와 영향력을 빠르게 확장하며 인간과 깊이 상호 작용하고 있으며, 이러한 기술이 실생활에 융합될수록 기술적 혁신을 넘어 윤리적 과제를 동반한 논의가 필수적이다.

버추얼 휴먼이 인간의 모습과 행동을 사실적으로 재현하는 능력을 갖추게 되면서, 사용자는 점점 더 이들에 대해 실재감과 친밀감을 느끼고 있다. 하지만 이러한 기술적인 발전은 개인 정보 보호, 감정적 착취, 그리고 콘텐츠 진위성 문제와 같은 윤리적 논란을 야기할 가능성도 함께 내포하고 있다. 버추얼 휴먼이 사용자와 정서적 유대를 형성하고 감정적으로 작용할 수 있다는 점에서, 상업적 목적에 따라 감정적 유대가 오용되거나 데이터가 부적절하게 수집될 위험성도 무시할 수 없다.

버추얼 휴먼 기술의 발전과 함께 딥페이크(deep fake) 기술의 오용 또한 최근 중요한 윤리적 문제로 부각되고 있다. 딥페이크는 AI를 이용해 특정 인물의 얼굴 · 목소리 · 행동을 사실적으로 합성하여 콘텐츠를 제작하는 기술로, 개인의 동의 없이 신상 정보가 콘텐츠에 사용될 경우 심각한 윤리적 문제를 야기할 수 있다. 최근에는 일반인의 얼굴을 합성한 딥페이크 음란물이 무차별적으로 유포되어 큰 사회적 문제를 일으켰으며, 명예 훼손 · 인격권 침해와 같은 법적 분쟁을 불러일으켰다. 우리의 일상과 산업 전반에 혁신을 촉진할 가능성이 큰 버추얼 휴먼 기술이 반대로 심각한 윤리적 문제를 초래할 가능성도 있기 때문에 신중한 논의와 대비가 필수적이다.

이 책의 구성

이 책은 모두 10개의 장으로 구성되어 있다. 버추얼 휴먼의 등장부터 기술적 발전, 산업에서의 응용 사례, 그리고 윤리적 과제까지 전반적으로 다루고 있다.

1장에서는 버추얼 휴먼의 초기 형태부터 현재까지의 기술적인 발전 과정을 살펴보고, 기술의 발전으로 시작하여 인간의 다양한 산업에서 혁신을 주도하고 있는 버추얼 휴먼의 미래 발전 방향과 관련된 논의를 다루었다.

한편, 2장부터 7장에서는 산업에서 최근 활용되고 있는 버추얼 휴먼의 구체적인 사례와 윤리적 과제를 다루는 내용으로 구성하였다. 2장에서는 자연어 처리(NLP)와 감정 인식 기술을 바탕으로 인간처럼 매우 유사한 수준의 소통 능력을 지닌 버추얼 휴먼을 만든 AI 컴패니언

기술의 동향을 살펴보고, 이와 관련된 윤리적 과제를 다루었다.

3장과 4장에서는 뷰티 산업과 패션 산업에서 초개인화 맞춤형 마케팅에 응용되는 버추얼 휴먼 기술의 동향을, 5장과 6장에서는 소셜 미디어와 방송에서 활용되는 버추얼 인플루언서와 AI 앵커를 중심으로 내용을 구성하였다. 또한 7장에서는 K-팝 영역에서 버추얼 휴먼 기술로 실제 아이돌의 인기를 앞지르는 성과를 내고 있는 버추얼 아이돌의 성공 사례와 이와 관련된 새로운 비즈니스 모델을 살펴보았다.

한편, 8장과 9장에서는 버추얼 휴먼의 미래 발전 형태에 크게 영향을 미칠 수 있는 기술적 동향을 살펴보았다. 8장에서는 미국의 애플(Apple)이 최근 출시하며 주목을 받고 있는 공간 컴퓨팅(spatial computing)에서 응용되는 버추얼 휴먼 기술과 사례를, 9장에서는 생성형 AI (generative AI) 시장을 주도하고 있는 오픈AI(OpenAI), 메타(Meta)를 포함한 빅테크 기업의 버추얼 휴먼 기술 동향을 주로 다루었다.

마지막으로 10장에서는 버추얼 휴먼 기술이 사회에 긍정적인 영향을 미치며 지속 가능한 발전을 이어 나갈 수 있도록 주요한 윤리적 과제를 살펴보고, 바람직한 발전 방향과 방안을 논의하는 내용을 다루었다.

이상과 같이 이 책은 버추얼 휴먼의 기술적 진화와 실제 산업에서의 적용 사례를 탐구함과 동시에, 이들이 불러올 윤리적 · 사회적 과제를 10개의 아이템으로 살펴봤다. 이 책을 통해 독자들이 버추얼 휴먼이라는 새로운 기술의 가능성과 한계를 균형 있게 이해하고, 미래 발전 방향에 대한 건설적인 담론 형성에 기여할 수 있기를 기대해 본다.

참고 문헌

글로벌이코노믹(2024.7.18). 뉴진스 제친 버추얼돌…플레이브, 역대 최단 기간 '멜론 10억뷰'. https://m.g-enews.com/article/ICT/2024/07/20240718085809347c5fa75ef86_1

노창희(2023.4.11). 가상인간이 그리는 무궁무진한 미래. 미래에셋증권매거진, https://magazine.securities.miraeasset.com/contents.php?idx=819

한요셉(2023). 『인공지능으로 인한 노동시장의 변화와 정책방향』. KDI.

Character.ai. https://character.ai/

01
AI의 발전에 따른 버추얼 휴먼의 변천사

버추얼 휴먼은 가상 세계와 현실 세계의 경계를 넘나드는 새로운 형태의 디지털 존재로, AI 기술의 발전과 함께 급속도로 진화하고 있다. 버추얼 휴먼은 가상 현실의 아바타 수준을 넘어 현실의 다양한 산업 분야에서 활발히 활용되며 우리 삶에 많은 영향을 미치고 있다. 이러한 버추얼 휴먼의 발전은 생성형 인공지능 기술의 진보와 밀접하게 연관되어 있으며, 그 변천사를 통해 우리는 앞으로 상용화될 버추얼 휴먼의 미래 모습을 예상해 볼 수 있다.

버추얼 휴먼의 초기 발전과 기술적 진보

버추얼 휴먼의 역사는 생각보다 오래되었다. 1998년, 국내에서는 사이버 가수 '아담'이 데뷔하여 약 20만 장의 앨범을 판매하며 큰 인기를 끌었다. 아담은 초기 형태의 버추얼 휴먼으로, 그 당시에는 실시간 상호 작용이나 고유의 개성을 부여하기에는 기술적 한계가 있었지만, 인기를 통해 버추얼 휴먼에 대한 대중적인 관심을 불러일으켰다. 이후 버추얼 휴먼 기술은 점차 발전해 왔고, 오늘날에는 사람과 구별하기 어려울 정도로 정교하고 사실적인 디지털 존재들이 등장하게 되었다.

버추얼 휴먼 기술은 1990년대부터 본격적으로 시도되었는데, 이 시기의 기술은 주로 기본적인 컴퓨터 그래픽(CG)과 3D 모델링 기술에 의존했다. 당시 사용된 3D 모델링 기법인 너브스(NURBS)와 폴리곤(polygon) 기반의 모델링은 텍스처와 애니메이션 처리에서 한계를 보였으며, 부자연스러운 움직임과 낮은 현실감으로 인해 활용이 매우 제한적이었다. 그럼에도 불구하고 당시의 기술은 가상 환경에서 일부 단순한 상호 작용이나 게임 캐릭터 구현에 사용되었고, 이러한 시도들은 버추얼 휴먼 기술 발전의 초석이 되었다.

2000년대에 접어들면서 컴퓨터 처리 성능이 비약적

으로 향상되었고, 이에 따라 고급 3D 모델링과 렌더링 기술이 발전했다. 특히, 모션 캡처(motion capture) 기술의 도입으로 실제 사람의 움직임을 디지털 환경에서 구현할 수 있게 되었고, 자연스러운 동작을 재현하는 데에 큰 역할을 했다. 그러나 당시에는 실시간 렌더링과 상호 작용 처리에 기술적 제약이 있었고, 버추얼 휴먼의 활용은 주로 영화나 고급 게임 콘텐츠에 집중되었다.

2010년대에는 AI와 딥러닝 기술의 급격한 발전이 버추얼 휴먼 기술에 접목되기 시작했다. 특히, 딥러닝 기반의 3D 모델링과 애니메이션 생성은 버추얼 휴먼의 외형을 더 사실적이고 자연스럽게 만들 수 있는 중요한 전환점이 되었다. 또한, 자연어 처리(natural language processing, NLP) 기술의 발전으로 버추얼 휴먼이 더는 단순한 그래픽 모델에 그치지 않고, 사람처럼 대화하고 상호 작용하는 능력을 갖추게 되었다. 이를 통해 버추얼 휴먼은 이전에 비해 훨씬 더 복잡하고 똑똑한 상호 작용을 할 수 있게 되었으며, 이는 다양한 분야에서의 활용 가능성을 열어 주었다.

AI 기술의 발전은 단순히 외형을 개선하는 데에 그치지 않았다. 감정 인식 기술을 통해 버추얼 휴먼은 사용자의 감정을 분석하고, 이에 맞춰 표정이나 목소리의 톤을 변화시킬 수 있게 되었다. 이러한 발전은 게임, 영화뿐만 아니라 고객 서비스, 교육, 헬스케어 등 다양한 분야에서도 버추얼 휴먼을 실용적인 존재로 자리 잡게 했다. 예를 들어, 고객 서비스 분야에서는 AI 기반의 버추얼 휴먼이 상담원 역할을 하거나, 교육에서는 학생과의 상호작용을 통해 맞춤형 학습을 제공하는 역할을 했다.

2020년대에 들어서면서, 초실감형 버추얼 휴먼들이 등장하기 시작했다. AI 기반의 실시간 상호 작용 · 대화 시스템이 가능해졌고, 음성 합성 기술의 발전으로 버추얼 휴먼이 사람처럼 대화하는 것이 가능해졌다. 특히, 3D 렌더링 기술의 발전으로 버추얼 휴먼은 더욱 사실적이고 생동감 넘치는 형태로 구현되었으며, 사람들이 이를 가상 세계에서 직접 경험할 수 있는 환경이 마련되었다. 이제는 다양한 분야에서 특정 페르소나를 가진 버추얼 휴먼을 제작하고, 이를 활용하여 마케팅 · 엔터테인먼트 · 교육 등 여러 산업에서 가치를 창출할 수 있는 시대가 된 것이다.

자아를 가지거나 깊은 감정을 표현하는 버추얼 휴먼을 만들기 위한 기술은 여전히 발전 중이다. 컴퓨터 그래픽스 기술과 AI의 발전은 최근 로보틱스와 결합하며 사람과 거의 동일한 수준으로 행동하는 버추얼 휴먼을 만드는 가능성을 열어 주고 있으며, 이는 미래 사회의 모습을 크게 변화시킬 것으로 예상된다.

딥러닝과 감정 인식 기술의 도입

2010년대부터 인공지능(AI) 기술의 발전은 버추얼 휴먼의 기능을 혁신적으로 확장시키는 주요한 전환점을 맞이했다. 특히 인간의 뇌가 정보를 처리하는 방식과 유사하게 동작하는 딥러닝(deep learning) 기술의 도입은 버추얼 휴먼의 외형과 상호 작용 방식을 획기적으로 변화시켰다. 이를 통해 이미지 처리, 자연어 처리, 음성 합성 등 다양한 분야에서 큰 진전을 이루었으며, 버추얼 휴먼의 실제성 향상에 크게 기여했다.

딥러닝 기술이 버추얼 휴먼에 접목되면서 나타난 가장 두드러진 변화는 자연어 처리 능력의 획기적인 향상이다. 자연어 처리 기술은 버추얼 휴먼이 인간과 자연스럽게 대화할 수 있도록 해 주는 핵심 기술로, 기계가 인간의 언어를 이해하고 해석하며, 이에 적절한 답변을 생성하는 기능을 가능하게 한다. 딥러닝 기반의 자연어 처리 모델이 등장하면서 자연어 처리의 정확도와 처리 속도가 비약적으로 향상되었고, 버추얼 휴먼이 단순한 텍스트의 이해를 넘어, 더 복잡하고 뉘앙스가 있는 대화까지 가능하게 되었다. 예를 들어, 버추얼 휴먼은 단순히 고객의 질문에 대답하는 것에서 그치지 않고, 상대방의 감정을 읽고 그에 맞는 적절한 반응을 할 수 있는 수준에 이르게 되었다. 이는 고객 서비스나 심리 상담과 같은 분야에서 매우 중요한 요소로 작용한다.

이와 함께 음성 합성(speech synthesis) 기술도 중요한 발전을 이루었다. 음성 합성은 버추얼 휴먼이 사람처럼 음성을 생성하여 대화할 수 있도록 하는 기술이다. 과거에는 컴퓨터 음성이 기계적이고 부자연스러웠으나, 딥러닝을 활용한 웨이브넷(WaveNet)과 같은 고급 음성 합성 기술이 도입되면서, 버추얼 휴먼은 실제 사람과 구별할 수 없을 정도로 자연스럽고 감정이 담긴 목소리를 낼 수 있게 되었다. 이제 버추얼 휴먼은 단순히 단어를 출력하는 것이 아니라, 대화의 맥락에 맞게 목소리의 톤 · 속도 · 감정을 실시간으로 조절할 수 있다. 예를 들어, 버추얼 휴먼이 고객과 대화할 때 기쁨 · 슬픔 · 분노 · 공감 등을 음성으로 전달하며, 대화의 흐름에 따라 감정을 실시간으로 반영하는 것이다.

딥러닝 기술의 또 다른 중요한 진전은 감정 인식(emotion recognition) 기술의 발전이다. 감정 인식 기술은 사람의 표정, 목소리, 제스처 등을 분석해 그 사람의 감정을 파악하는 기술로, 버추얼 휴먼이 인간처럼 감정을 이해하고 표현하는 데에 필수적인 역할을 한다. 과거에는 감정 인식이 단순한 감정 분류에 그쳤지만, 현재는 버추얼 휴먼이 다양한 감정을 더 세밀하게 인식하고, 이에 맞춰 표정과 목소리를 조절하는 것이 가능해졌다.

감정 인식 기술은 주로 컴퓨터 비전(computer vision)과 음성 분석(speech analysis) 기술을 결합하여 구현된다. 컴퓨터 비전 기술을 통해 버추얼 휴먼은 사용자의 표정과 동작을 분석하여 감정을 인식한다. 예를 들어, 사용자가 웃거나 찡그린 표정을 짓는다면, 이를 분석하여 그가 긍정적인 감정을 느끼는지, 부정적인 감정을 느끼는지를 파악할 수 있다. 이때, 딥러닝 모델은 수많은 얼굴 이미지 데이터를 학습해 표정과 감정 사이의 관계를 이해하고, 이를 기반으로 실시간으로 감정을 추론한다.

또한, 음성 분석을 통한 감정 인식도 매우 중요한 기술로 발전하고 있다. 사람의 목소리에는 감정의 힌트가 담겨 있으며, 이는 음성의 톤 · 속도 · 억양 등을 통해 드러난다. 예를 들어, 빠르게 말하거나 목소리가 떨리는 경우, 이는 긴장이나 불안을 나타낼 수 있다. 반대로, 차분하고 부드러운 톤은 안정감을 의미할 수 있다. 딥러닝 알고리즘은 이러한 음성 데이터를 분석하여 감정의 변화를 실시간으로 감지하고, 이를 바탕으로 버추얼 휴먼이 적절한 감정을 표현하도록 돕는다.

컴퓨터 비전과 음성 분석 기술을 결합하면, 버추얼 휴먼은 사람의 감정을 매우 정밀하게 파악할 수 있다. 예를 들어, 고객 서비스 분야에서 버추얼 휴먼은 고객의 표정과 목소리에서 나타나는 감정적 신호를 분석하여, 고객이 불만을 품고 있다면 더욱 공감적이고 친절한 태도로 대처할 수 있다. 이는 고객 경험을 극대화하고, 서비스의 질을 높이는 데에 중요한 역할을 한다.

버추얼 휴먼이 감정을 인식하는 것에 그치지 않고, 이를 표현하는 능력도 크게 향상되었다. 감정 표현의 핵심은 표정, 몸짓, 음성 톤 등이 서로 조화를 이루는 것이다. 예를 들어, 기쁨을 표현할 때는 미소를 짓고, 목소리는 밝고 경쾌하게, 몸짓은 활발하게 만들어지는 것이 일반적이다. 반대로 슬픔을 표현할 때는 표정이 굳어지고 목소리는 낮고 느려지며, 몸짓도 위축되는 경향이 있다. 이와 같은 감정 표현은 버추얼 휴먼이 인간과 더 자연스럽고 진실하게 상호 작용할 수 있게 만든다.

딥러닝 기술의 발전 덕분에 이제는 버추얼 휴먼이 다양한 감정을 더 섬세하게 표현할 수 있다. 예를 들어, 슬픔을 표현할 때 단순히 눈물을 흘리는 것이 아니라, 목소리의 떨림과 표정의 변화, 몸짓의 미세한 차이까지 반영하여 감정을 더욱 입체적으로 표현할 수 있게 되었다. 또한, 버추얼 휴먼의 표정이나 목소리는 사용자의 반응에 실시간으로 반응하여, 상호 작용의 깊이를 더한다.

감정 인식 기술이 접목된 버추얼 휴먼은 다양한 산업 분야에서 실제로 활용되고 있다. 예를 들어, 심리 상담 분야에서는 버추얼 휴먼이 내담자의 감정을 실시간으로 분석하고, 그에 맞춰 대화를 유도함으로써 더욱 효율적인 상담을 진행할 수 있다. 상담 중 내담자가 불편해하거나 방어적인 태도를 보이면, 버추얼 휴먼은 이를 감지하고, 좀 더 부드럽고 공감적인 태도로 반응하여 내담자가 심리적 장벽을 허물 수 있도록 돕는다.

교육 분야에서도 감정 인식 기술이 유용하게 활용되고 있다. 예를 들어, 학생들이 온라인 수업 중에 지루하거나 집중을 잃었을 때, 버추얼 휴먼은 그들의 표정과 행동을 분석하여 학습 내용을 조정하거나, 주의를 환기하는 방식으로 반응할 수 있다. 또한, 고객 서비스에서는 고객의 감정을 실시간으로 파악하여 불만을 최소화하고 고객 만족도를 높이는 데에 중요한 역할을 한다.

딥러닝과 감정 인식 기술은 버추얼 휴먼의 진화에서 중요한 이정표를 세운 기술적 혁신이다. 이 기술들이 결합하면서, 버추얼 휴먼은 단순한 그래픽 모델을 넘어서 사람과 비슷한 수준의 감정적 상호 작용을 할 수 있게 되었다. 자연어 처리, 음성 합성, 감정 인식 기술이 서로 결합하여, 버추얼 휴먼은 이제 사람처럼 느끼고 생각하고 소통하는 존재로서 새로운 가능성을 열어 가고 있다. 이는 버추얼 휴먼이 단순한 기술적 도구가 아니라, 사회적 상호 작용의 중요한 부분으로 자리 잡을 수 있음을 보여 준다.

버추얼 휴먼의 영역 확장

버추얼 휴먼의 활용 범위는 이제 단순한 오락을 넘어 다양한 산업으로 확장되고 있다. 특히 K-팝을 포함한 문화 콘텐츠와의 접목은 버추얼 휴먼의 인기를 더욱 높였다. SM엔터테인먼트의 걸그룹 '에스파'는 실존 인물 멤버와 대응하는 가상 아바타 멤버를 만들어 독특한 그룹 콘셉트를 시도했으며, 라이엇게임즈의 가상 아이돌 그룹 'K/DA'는 글로벌 음악 차트에서 큰 인기를 끌었다. 이러한 가상 아이돌 그룹은 팬들과의 상호 작용, 온라인 공연 등 다양한 활동을 통해 버추얼 휴먼의 가능성을 확장했다.

게다가 방송 산업에서도 버추얼 휴먼의 활용이 활발

해졌다. TV조선의 〈부캐전성시대〉와 MBN의 〈아바타 싱어〉 등은 메타버스를 활용한 새로운 형태의 음악 쇼와 예능을 선보였다. 또한, 광고 산업에서도 버추얼 휴먼은 큰 역할을 하고 있다. 가상 인플루언서나 가상 모델을 활용한 광고는 실제 인물의 리스크를 최소화할 수 있는 장점이 있다. 버추얼 휴먼을 이용한 마케팅은 특히 사생활 논란이나 계약 이후의 문제에서 자유로워지며, 기업들이 더 유연하고 효과적인 홍보 활동을 할 수 있게 했다.

최근에는 NeRF(neural radiance fields)나 가우시안 스플래팅(Gaussian splatting)과 같은 초실감 3D 복원 기술이 발전하면서, 버추얼 휴먼의 품질은 더욱 향상되었다. 애플의 비전 프로(Vision Pro)는 뉴럴 렌더링 기술을 통해 사용자의 얼굴을 스캔하고, 이를 바탕으로 3D 아바타를 생성하여 화상 채팅을 가능하게 하는 기능을 선보였다. 이렇게 생성된 3D 아바타는 사용자의 표정과 움직임에 맞춰 실시간으로 반응하며, 감정 표현을 자연스럽게 전달할 수 있다.

이 외에도 은행, 교육, 재난 시뮬레이션, 쇼호스트 등 다양한 분야에서 버추얼 휴먼이 활용되고 있다. 예를 들어, 은행에서는 버추얼 휴먼이 고객 응대 역할을 하거나 금융 상담을 제공하며, 교육 분야에서는 강의나 튜터링을 하는 역할을 맡고 있다. 또한, 재난 시뮬레이션에서는 가상 인물을 통해 위기 상황을 효과적으로 연습하거나, 실제 재난 대응 훈련을 할 수 있는 환경을 제공하고 있다. 이와 같은 방식으로, 버추얼 휴먼은 사람을 대신하여 중요한 역할을 수행하는 다양한 분야로 확장되고 있다.

특히, 쇼호스트와 관련된 산업에서도 버추얼 휴먼의 활용이 눈에 띄게 늘고 있다. 예를 들어, 가상 쇼호스트는 24시간 방송이나 다양한 콘텐츠를 제작할 때 사람의 스케줄에 얽매이지 않고 효율적으로 진행될 수 있다. 또한, 이들은 실시간으로 관객과 소통하며, 감정과 표정을 실시간으로 변화시킬 수 있어 더욱 생동감 있는 방송이 가능하다.

버추얼 휴먼의 발전은 아직 끝난 것이 아니다. 현재의 기술 수준에서도 버추얼 휴먼은 사람과 매우 유사한 외형과 행동을 구현할 수 있지만, 미래에는 더 정교한 감정 표현과 인간과의 더욱 자연스러운 소통이 가능해질 것이다. 특히, 자아를 가진 버추얼 휴먼이 등장하거나, 감정을 더 정밀하게 인식하고 표현하는 기술이 발전함에 따라, 우리는 더는 단순한 디지털 존재로서의 버추얼 휴먼이 아니라, 사람처럼 자율적인 결정을 내리고 감정을 교류할 수 있는 존재로서의 버추얼 휴먼을 만날 수도 있을 것이다.

기술이 진화하면서, 버추얼 휴먼은 단순히 '가상 세계의 존재'에서 벗어나 현실 세계와도 깊은 관계를 맺게 될 것이다. 예를 들어, 정신 건강 관리, 사회적 상호 작용을 돕는 동반자 역할, 또는 특정 산업 분야의 전문가로서 활동하는 등 그 활용 범위는 더욱 확대될 것이다. 이러한 변화는 버추얼 휴먼이 인간의 삶에 실제적인 영향을 미치는 존재로 자리 잡을 수 있음을 시사한다.

결론적으로, 버추얼 휴먼 기술의 발전은 단순한 기술 혁신에 그치지 않고, 사회적·문화적·경제적 변화를 일으킬 가능성을 지닌 분야로 자리 잡고 있다. AI와 컴퓨터 그래픽스, 자연어 처리, 감정 인식 기술 등이 융합되어 만들어 가는 미래의 버추얼 휴먼은 인간과의 경계를 허물고, 새로운 형태의 상호 작용을 가능하게 할 것이다. 앞으로 우리가 사는 세상에서 버추얼 휴먼은 단순한 가상의 존재가 아니라, 인간과 함께 살아가는 파트너로서의 역할을 할 것으로 기대된다.

참고 문헌

박종현(2023). 『감성 인공지능 기술 및 서비스 동향』(문화정보

이슈리포트 2023-7호). 한국문화정보원.
제일매거진(2021.3.11). 사이버 가수 '아담'을 기억하시나요?.
https://magazine.cheil.com/47694
조아현·곽근창(2020). 『음성 신호를 이용한 감정인식기술의 연구동향 분석』. 스마트미디어학회 추계학술대회.
Goodfellow, I., et al.(2016). *Deep learning*. MIT Press.
NVIDIA AI Playground.
https://www.nvidia.com/en-us/research/ai-playground/

02
버추얼 휴먼과 AI 컴패니언

AI 컴패니언은 버추얼 휴먼을 통해 사용자가 정서적 연결을 느끼고 상호 작용할 수 있도록 돕는 기술이다. AI의 자연어 처리와 감정 인식 기술 발전으로 버추얼 휴먼은 개인화된 동반자로서의 역할을 수행하며 우리 삶 속으로 활동 영역을 확장하고 있다. 본 장에서는 버추얼 휴먼과 AI 컴패니언의 기술적 특성, 활용 사례, 그리고 사회적 영향에 대해 다룬다.

AI 컴패니언의 기술 동향

AI 컴패니언은 대화형 인공지능 기술을 통해 사용자의 성격, 취향, 정서적 상태에 맞춘 맞춤형 상호 작용을 제공하는 버추얼 휴먼이다. 단순한 텍스트 기반의 응답을 넘어서 사용자의 감정을 이해하고 그에 맞는 반응을 생성하여, 인간과 대화하는 수준과 매우 유사한 수준의 커뮤니케이션을 제공하는 것이 특징이다. 한때 유행했던 '다마고치'와 같은 디지털 펫(digital pet)처럼 단순한 형태의 기술도 사용자의 정서적 지원을 제공한다는 측면에서 AI 컴패니언의 한 예시라고 할 수 있다. 하지만 현재의 AI 컴패니언은 훨씬 더 고도화되어 자연어 처리와 감정 인식 기술을 바탕으로 인간처럼 소통할 수 있는 능력을 지니고 있다.

초거대 언어 모델(large language model, LLM)의 발전은 이러한 AI 컴패니언의 기능을 획기적으로 향상시켰다. 특히 챗봇 기술이 보편화됨에 따라, AI가 사람처럼 대화하는 것은 이제 특별한 일이 아니게 되었다. 그러나 일반적인 챗봇과 AI 컴패니언의 가장 큰 차별점은 감성 인식인데, AI 컴패니언은 사용자가 제공하는 텍스트나 음성을 분석하여 그 안에 담긴 감정을 파악하고, 그에 맞는 반응을 생성한다는 점이 가장 큰 차이점이다. 예를 들어, 사용자가 슬프다고 입력하면 AI 컴패니언은 위로의 말을 건네거나 공감하는 답변을 하며, 사용자의 감정을 안정시키려고 노력한다.

게다가 AI 컴패니언의 형태는 텍스트뿐만 아니라 음성이나 3D 모델을 통해 다양한 감정을 표현할 수 있다. 예를 들어, 레플리카(Replika)는 단순한 텍스트 채팅을 넘어 3D 아바타를 통해 표정이나 제스처를 활용하여 감정을 전달하고, 더 현실감 있는 상호 작용을 제공한다. 또한 캐릭터닷AI는 여러 AI 캐릭터와 동시에 대화할 수 있는 기능을 제공하여, 사용자가 더욱 다양한 경험을 할 수 있게 한다. 이 외에도 이미지나 비디오를 생성하는 등 다중 모달(multi modal) 기술을 활용하여 AI 컴패니언의 상호 작용을 더욱 풍부하고 직관적으로 만들어, 사용자와의 정서적 연결을 더욱 강화할 수도 있다.

정서적 지원을 위한 AI 컴패니언

AI 컴패니언은 심리 상담과 같은 정서적 지원에서 큰 힘을 발휘할 수 있다. 사람과 달리 AI 컴패니언은 365일 24시간 언제든지 사용자가 원하면 대화를 할 수 있어 외로움을 줄이는 데에 큰 도움을 준다. 사용자의 상태에 맞춰 말하는 방식을 조절할 수 있어 사용자가 스트레스를 덜

어내는 데에도 도움이 된다.

심리 상담뿐만 아니라 최근 사회 문제가 되고 있는 독거노인의 경우에도 AI 컴패니언이 도움을 줄 수 있다. 혼자 사는 노인들의 말벗이 되어 고령화 사회에서 노인들이 느끼는 고립감을 해소할 수 있고 노인들이 생활하면서 발생할 수 있는 다양한 문제를 해소하는 데에 도움을 줄 수 있다. 예를 들어, 잊어버리기 십상인 약 복용 시간을 알려 주거나 식단 · 운동과 같은 일상적인 자기 관리에 활용될 수 있다. 그러나 노인의 경우, 기술적인 접근성이 다소 떨어지기 때문에 AI 컴패니언의 기술적인 해결뿐만 아니라 사용자 경험(user experience, UX)을 알맞게 구성하는 노력이 함께 필요하다.

AI 컴패니언의 사회적 영향과 윤리 문제

AI 컴패니언은 정서적 지원을 제공하는 뛰어난 도구이지만, 사용에 따른 윤리적 문제도 동반한다. 예를 들어, 최근 미국에서는 AI 컴패니언이 사용자의 자살을 유도했다는 논란이 있었다. 한 소년이 AI와의 대화 중 자살에 대한 이야기를 했고, AI는 자살을 유도하는 답변을 했다는 것이다. 이 사례는 AI가 정서적 지원을 제공하는 도구가 될 수 있는 반면, 불안정한 감정을 가진 사용자에게 해로운 영향을 미칠 수 있음을 보여 준다. 정서적 불안정성이 있는 사람들에게 AI 컴패니언이 오히려 부정적인 영향을 미칠 수 있다는 점을 경계해야 한다.

또한, AI 컴패니언에 지나치게 의존하게 되면 사회적 관계 형성에 어려움을 겪을 수 있다는 우려도 존재한다. AI와의 상호 작용이 일상적이고 반복적이게 되면 실제 사람들과의 소통을 기피하거나, 인간관계를 맺는 데에 필요한 사회적 기술이 약해질 수 있다. 사회적 고립을 줄이려는 목적으로 AI가 사용되더라도, 사람 간의 자연스러운 상호 작용을 대체할 수는 없다는 점을 명확히 해야 한다.

프라이버시 문제 또한 중요한 윤리적 과제다. AI 컴패니언은 사용자의 감정, 심리 상태, 개인적인 고민 등을 이해하고 이를 기반으로 반응을 생성하는데, 이 과정에서 수집되는 개인 데이터는 매우 민감한 정보를 포함할 수 있고, 악의적으로 유출되거나 상업적 목적에 이용될 위험이 존재한다. 기업은 이러한 데이터를 어떻게 안전하게 보호하고, 사용자의 동의 없이 활용되지 않도록 관리해야 할 책임이 있다.

AI 컴패니언의 개발과 활용에는 윤리적 지침이 필수적이다. 사용자 교육과 투명한 데이터 처리 정책을 마련하고, 정서적 안정이 필요한 사용자에게 부정적인 영향을 미치지 않도록 지속적인 모니터링과 개선이 필요하다. 이와 같은 윤리적 고려 없이 AI 컴패니언 기술이 확산되면, 사회적 · 법적, 그리고 심리적 문제를 초래할 수 있다. AI 컴패니언이 사람들에게 진정한 도움이 될 수 있도록, 기술 개발자들은 지속적으로 인간 중심적이고 윤리적인 접근을 해야 할 것이다.

인간과 디지털 존재의 경계

AI 컴패니언의 미래는 기술의 발전에 따라 인간과 디지털 존재의 경계를 더욱 모호하게 만들 가능성이 크다. 현재의 AI는 텍스트와 음성으로만 상호 작용하지만, 미래에는 증강 현실(augmented reality, AR), 가상 현실(virtual reality, VR), 홀로그램 등의 기술을 통해 AI 컴패니언이 더욱 사실적인 형태로 등장할 것이다.

이러한 발전은 디지털 동반자라는 개념을 재정의할 수 있다. 사용자는 AI 컴패니언과의 상호 작용을 통해 정서적 충족감을 얻고, 일부는 AI와의 관계에서 실질적인 감정을 느낄 수 있을 것이다. 특히, 가상 현실을 활용한 AI 컴패니언은 사용자와 더 깊은 정서적 연결을 만들 수 있으며, 이로 인해 AI가 사람의 감정에 더욱 민감하게 반응할 수 있을 것이다. 예를 들어, 홀로그램 기술을 통해 3D 형태로 현실감 넘치는 디지털 동반자와의 상호 작용이 가능해지면, AI 컴패니언은 더욱 현실적인 인물처럼 다가올 수 있다.

디지털 존재가 사람과 유사한 감정과 행동을 나타낼 수 있다는 가능성은 과학적이고 윤리적인 질문을 제기한다. AI 컴패니언이 인간의 감정을 완벽하게 이해하고 그에 맞춰 반응할 수 있다면, 사용자는 이들을 진짜 친구나 동료처럼 여길 수 있다. 하지만 이러한 정서적 연결이 얼마나 건강한 것인지, 그리고 인간과 AI 사이의 심리적 의존이 어떠한 사회적 문제를 가져올 수 있는지는 중요한 논의의 주제가 될 것이다. AI와의 관계에서 깊은 감정적 결합이 이루어질 경우, 현실의 인간관계가 약화될 가능성도 있다.

또한, 인간과 AI의 관계에서 '경계'의 문제가 등장한다. AI가 인간처럼 감정을 표현하거나 자율적으로 결정하는 시스템을 갖추게 되면, AI가 인간과 동일한 법적·윤리적 권리를 가질 수 있는지에 대해 논의할 필요가 있을 것이다. 이러한 기술의 발전은 결국 윤리적 책임과 법적 제약의 범위를 확장시키게 되며, AI가 인간 사회에 얼마나 깊숙이 통합될 수 있을지에 대한 사회적 논의도 필요해진다.

참고 문헌

애플경제(2024.7.10.). '캐릭터AI'가 일군 'AI컴패니언' 시장, 빅테크가 접수?. https://www.apple-economy.com/news/articleView.html?idxno=73781

임재완(2024.2.15). 인공지능 컴패니언(AI companion)은 인간의 진짜 친구가 될 수 있을까?. ≪인사이트 리포트≫, https://www.samsungsds.com/kr/insights/aicompanion-24215.html

한상기(2024.9.23). AI 컴패니언은 외로움을 치유할 수 있는가. ≪슬로우뉴스≫, https://slownews.kr/117443

Sahota, N.(2024.7.18). How AI companions are redefining human relationships in the digital age. *Forbes*, https://www.forbes.com/sites/neilsahota/2024/07/18/how-ai-companions-are-redefining-human-relationships-in-the-digital-age/

03
버추얼 휴먼과 뷰티 테크

버추얼 휴먼은 메이크업 시뮬레이션, 피부 상태 분석, 화장품 추천 등의 사용자 맞춤형 뷰티 설루션(solution)을 제공하며, 최근 초개인화 뷰티 마케팅을 추진하는 글로벌 뷰티 브랜드의 뜨거운 관심을 받고 있다. 본 장에서는 뷰티 산업에서 초개인화 경험을 제공하는 버추얼 휴먼의 구체적인 사례와 기술적 특성을 살펴본 후, 관련된 윤리적 문제에 대해서도 알아본다.

버추얼 휴먼과 초개인화 뷰티 마케팅의 혁신

화장품 산업과 뷰티 서비스의 최신 트렌드는 초개인화(hyper-personalization)다. 각기 다른 피부 타입과 취향을 가진 소비자들에게 맞춤형 경험을 제공하는 것이 중요해지면서, 버추얼 휴먼 기술은 뷰티 산업에서 중요한 혁신적인 변화를 가져왔다. 뷰티 산업을 선도하는 기업인 로레알(L'Oréal)은 자사의 가상 메이크업 시뮬레이션 기술인 모디페이스(ModiFace)를 개발하여 적극적으로 활용하고 있다. 이 기술은 AI 기반의 피부 분석과 실시간 상호 작용을 통해 사용자의 피부 특성에 최적화된 메이크업 스타일을 추천한다. 사용자는 카메라를 통해 비친 모습에 AR을 활용하여 다양한 메이크업 스타일을 실시간으로 시도할 수 있고, 실제 제품을 사용하기 전에 자신에게 가장 어울리는 스타일을 미리 확인할 수 있다. 이를 통해 소비자는 자신의 특성에 맞는 제품을 선택할 확률을 높이며, 브랜드와의 신뢰 관계도 강화된다.

또한, 생성형 AI와 결합한 버추얼 휴먼이 가상 뷰티 컨설턴트 역할을 수행하면서 사용자 맞춤형 서비스를 제공하는 사례가 늘어나고 있다. 로레알이 CES 2024에서 공개한 뷰티 앱 '뷰티지니어스(Beauty Genius)'는 대화형 AI를 통해 고객의 피부 타입과 상태에 맞는 제품 사용

법과 맞춤형 뷰티 루틴을 제안한다. 이 앱은 고객과 직접 소통하며, 소비자가 브랜드의 제품에 대해 더 큰 신뢰를 갖도록 돕는다. 버추얼 휴먼과의 대화를 기반으로 제공되는 개인화된 뷰티 경험은 피부 특성의 객관적인 분석을 넘어 소비자의 주관적인 기분과 취향의 분석에 따른 아이템 추천을 제공할 수 있어 고객 만족도를 개선하는 데에 중요한 역할을 한다.

뷰티 테크 스타트업의 약진과 AI 메이크업 혁신

버추얼 휴먼 기술을 활용한 맞춤형 뷰티 경험 혁신은 대기업들만의 영역이 아니다. 뷰티 테크 스타트업들이 주도하는 변화도 주목할 만하다. 미국의 스타트업 '퍼펙트(Perfect)'는 증강 현실 기술을 활용하여 개인 맞춤형 메이크업 체험을 제공하는 '유캠 메이크업(YouCam Makeup)' 앱을 출시했다. 이 앱은 사용자의 얼굴을 가상으로 분석하고, 다양한 메이크업 스타일을 즉시 시도해 볼 수 있는 기능을 제공한다. 사용자는 제품 추천을 받으며, 가상 메이크업을 통해 디지털 환경에서도 자연스럽게 구매 결정을 내릴 수 있다. 이처럼 증강 현실을 기반으로 한 메이크업 시뮬레이션은 디지털 환경에서의 몰입감 있는 뷰티 경험을 제공하며 브랜드의 구매 전환을 개선하고 있다.

한국의 스타트업 '앙트러리얼리티(EntreReality)'는 AI 안면 분석기술(AI facial analysis)을 바탕으로 개인 맞춤형 메이크업 시뮬레이션을 제공하는 '트위닛 AI 메이크업(Twinit AI Makeup)'을 선보였다. 이 기술은 사용자의 얼굴형과 피부 특성을 인공지능으로 분석하여, 그에 맞춘 다양한 메이크업 스타일을 추천한다. 최근 아모레퍼시픽(Amorepacific)과 같은 대형 화장품 브랜드와의 협력을 통해 오프라인 매장과 온라인에서 브랜드 색조 제품의 AI 시뮬레이션 서비스를 제공하고 있으며, 피부 임상 기관과의 협력을 통해 스킨케어 제품 추천을 위한 인공지능 피부 분석 기술을 개발하여 더욱 정교한 맞춤형 뷰티 서비스를 제공하고 있다. 이처럼 뷰티 브랜드와 스타트업의 협력은 소비자에게 더욱 정밀하고 개인화된 뷰티 설루션을 제공하는 중요한 기회를 창출하고 있다.

버추얼 휴먼과 뷰티 테크의 윤리적 과제

버추얼 휴먼과 뷰티 테크의 결합은 뷰티 산업에 많은 혁신을 불러일으켰지만, 몇 가지 윤리적 과제를 동반하고 있다. 특히 개인 정보 보호와 데이터 오용 문제는 소비자와 기업 모두에게 중요한 이슈가 되고 있다. 이러한 문제들은 AI 기술이 개인의 민감한 데이터를 다루는 과정에서 발생할 수 있는 위험을 내포하고 있으며, 이를 해결하지 않으면 사용자 신뢰를 잃을 뿐만 아니라 법적 문제를 일으킬 수 있다. 따라서 기업들은 기술 혁신과 함께 데이터의 안전한 관리와 윤리적 활용에 대한 책임을 다해야 한다.

개인 정보 보호의 중요성

버추얼 휴먼과 뷰티 테크에서 가장 중요한 문제 중 하나는 개인 정보 보호다. AI 기술을 활용한 맞춤형 뷰티 서비스는 사용자의 얼굴 이미지, 피부 상태, 피부 타입, 화장품 사용 습관 등 매우 민감한 생체 정보를 분석하는 과정이 필수적이다. 예를 들어, 사용자가 가상 메이크업을 시도하거나 피부 상태 분석을 위해 얼굴을 촬영하고, 이 데이터를 AI가 분석하여 맞춤형 서비스를 제공하는데, 이때 수집되는 정보는 개인의 신체적 특성을 다루는 민감 정보로 볼 수 있다. 이 데이터가 유출되거나 무단으로 사용된다면 심각한 문제로 이어질 수 있다.

따라서 뷰티 테크 기업들은 사용자의 개인 정보 보호를 위해 강력한 보안 체계와 암호화 기술을 도입해 사용자의 데이터를 보호하고, 외부 공격을 방어할 수 있는 시스템을 구축해야 한다. 또한 자신의 데이터 활용을 명확히 이해하고 동의할 수 있는 사용자의 권리를 보장하기 위하여, 개인 데이터 수집의 최소화와 데이터의 활용 방식에 대한 명확한 고지·동의 절차가 필요하다.

데이터의 투명한 관리

데이터 보호뿐만 아니라 데이터 관리의 투명성 역시 중요한 윤리적 과제다. 많은 뷰티 테크 기업이 사용자 데이터를 수집하여 맞춤형 서비스를 제공하는 방식으로 비즈니스를 운영하고 있지만, 이 데이터를 어떻게 관리하고 처리하는지에 대해 소비자에게 충분히 투명하게 알리지 않는 경우가 많다.

AI 분석을 통해 얻은 데이터가 제3자에게 판매되거나 광고 목적으로 활용될 수 있다는 사실을 사용자에게 충분히 고지하고, 이 정보가 동의 없이 다른 용도로 사용되지 않도록 보호할 수 있는 구체적인 개인 정보 처리 방침이 필요하다. 예를 들어, 사용자가 얼굴 데이터를 제공할 때 해당 데이터가 어디에 저장되며, 누구와 공유될 수 있는지, 그리고 얼마나 오래 보관될 것인지에 대한 구체적인 정보를 제공해야 한다. 또한, 데이터의 사용 목적과 범위도 구체적으로 명시해야 하며, 사용자 권리를 존중하여 언제든지 데이터를 삭제하거나 수정할 수 있는 권한을 부여할 필요가 있다.

데이터 오용의 위험 방지

초개인화 마케팅을 위해 수집된 데이터가 오용될 위험도 있다. 특히, 사용자의 민감한 정보가 상업적 목적으로, 무단으로 활용될 경우 이는 개인 정보 침해뿐만 아니라 소비자 신뢰의 상실을 초래할 수 있다. 예를 들어, 사용자의 피부 타입이나 선호도를 기반으로 맞춤형 광고를 제공하는 과정에서, 개인의 정보가 부적절하게 타기팅 광고에 활용되거나, 제3자에게 판매되는 등의 일이 발생할 수 있다. 만약 사용자가 명시적으로 동의하지 않았거나, 동의 과정이 불명확하게 이루어졌다면, 이는 불법적 데이터 처리가 될 수 있다.

이러한 문제를 방지하기 위해 기업은 동의 기반의 데이터 수집 방식을 채택해야 하며, 사용자가 데이터를 제공하기 전에 그 데이터가 어떤 목적으로 사용될지 명확하게 안내해야 한다. 또한, 기업은 상업적 목적 외에 다른 용도로 사용되지 않도록, 데이터의 활용 범위를 엄격하게 제한해야 한다. 데이터가 외부에 제공될 경우, 그 처리 과정에 대한 철저한 감사 시스템을 마련하고, 데이터 공유에 대해 명확한 규정을 세워야 한다.

법적 책임과 규제 준수

각국의 개인 정보 보호법은 시간이 지남에 따라 더욱 엄격해지고 있으며, 이에 따라 글로벌 시장에서 뷰티 테크 설루션을 제공하는 기업들은 각 국가의 법적 규제를 준수하는 데이터 관리 시스템을 필수적으로 적용해야 한다. 예를 들어, 유럽연합(EU)의 GDPR(「일반개인정보보호법」)은 기업들이 데이터를 처리하는 방식에 대해 매우 엄격한 규제를 적용하고 있다. 이 법은 개인의 데이터를 수집할 때 명확한 동의를 받아야 하며, 데이터의 처리 목적과 범위를 투명하게 고지해야 한다. 또한, 사용자는 언제든지 자신의 데이터를 열람하고 수정하거나 삭제할 권리를 가지며, 데이터 유출 시 기업은 빠르게 알리고 피해를 최소화해야 한다.

GDPR뿐만 아니라 CCPA(「캘리포니아 소비자개인정보보호법」)와 같은 다른 국가·지역의 개인 정보 보호법들도 매우 중요한 기준이 된다. 데이터 유출이나 불법적인 데이터 처리로 인해 법적 책임을 지게 될 경우, 기업은 막대한 경제적 손실을 입을 수 있으며, 브랜드 이미지에도 심각한 타격을 입을 수 있기 때문에 뷰티 테크 기업들은 각국의 법규를 준수하는 동시에 법적 책임을 면밀히 이해하고 있어야 한다.

사용자 교육의 필요성

마지막으로, 사용자 교육도 중요한 윤리적 고려 사항이다. 소비자들이 자신의 개인 정보가 어떻게 활용되는지 이해하고, 그에 대한 동의를 명확히 할 수 있도록 돕는 것이 중요하다. 많은 사용자가 자신이 제공하는 데이터의 중요성이나 그 데이터가 어떻게 활용되는지에 대해 충분히 이해하지 못한 채 서비스를 이용하는 경우가 흔하다. 따라서 뷰티 테크 기업들은 사용자들에게 개인 정보 보호와 관련된 교육을 제공하고, 데이터 관리에 대한 책임감을 고취할 필요가 있다. 이를 통해 사용자는 자신의 개인 정보가 어떻게 보호되는지, 그리고 데이터 사용에 동의할 때 발생할 수 있는 영향에 대해 충분히 인식할 수 있게 된다.

참고 문헌

한국인터넷진흥원(2020). 『개인정보보호 분야에서의 디지털 윤리 정책 동향』.

AI타임스(2024.7.20). 이동윤 앙트러리얼리티 대표 "AI 퍼스널컬러에 AR 노하우 결합...뷰티 테크 핵심으로 성장할 것".

https://www.aitimes.com/news/articleView.html?idxno=161675

Microsoft(*n.d.*). 데이터 손실 방지(DLP)란?. https://www.microsoft.com/ko-kr/security/business/security-101/what-is-data-loss-prevention-dlp

YouCam Makeup: 셀카 편집기. https://www.perfectcorp.com/ko/consumer/apps/ymk

L'Oreal(*n.d.*). Discovering Modiface: Technology revolutionizing beauty for decades to come. https://www.loreal.com/en/beauty-science-and-technology/beauty-tech/discovering-modiface/

04
버추얼 휴먼과 패션 테크

버추얼 휴먼은 패션 산업에서 AI 기술과 결합하여 새로운 디자인 · 마케팅 설루션을 제공하고 있다. 가상 패션모델, 디지털 피팅과 맞춤형 스타일링 등 다양한 역할을 수행하는 버추얼 휴먼은 패션의 경계를 확장하고 지속 가능성 · 소비자 경험을 혁신적으로 변화시키고 있다. 본 장에서는 버추얼 휴먼의 패션 산업 접목 사례와 패션 산업의 지속 가능성에 미치는 영향을 다룬다.

패션 산업에서의 디지털 트랜스포메이션과 버추얼 휴먼의 역할

최근 패션 산업에서 버추얼 휴먼은 패션 디자이너와 브랜드가 옷을 디자인하고 이를 홍보하는 방식을 근본적으로 변화시키고 있으며, 기존의 패션모델이 할 수 없었던 다양한 기능과 역할을 수행하고 있다. 아래에서는 패션 산업 내에서 버추얼 휴먼이 수행하는 주요 역할을 세부적으로 살펴본다.

디지털 패션모델로서의 버추얼 휴먼

패션 산업에서 버추얼 휴먼이 가장 먼저 눈길을 끄는 부분은 바로 가상 패션모델로서의 역할이다. 2023년, 돌체앤가바나(Dolce & Gabbana)는 AI 기반의 버추얼 휴먼을 활용하여 온라인 패션쇼를 개최했다. 이를 통해 현실의 모델을 활용하지 않고도 브랜드의 콘셉트와 디자인을 소비자에게 전달할 수 있었다. 이 같은 가상 패션쇼는 물리적 제약을 초월해 다양한 스타일과 콘셉트를 자유롭게 실험하고 선보일 수 있는 환경을 제공한다.

전통적인 패션쇼의 경우 모델의 섭외, 의상의 제작과 조정, 장소 대여 등의 과정에서 상당한 비용과 시간이 소요된다. 반면, 버추얼 휴먼은 이러한 제약에서 벗어나 다양한 시도와 변화를 통해 새로운 패션 경험을 제공할 수 있다. 예를 들어, 한 번의 가상 패션쇼에서 서로 다른 국가의 다양한 소비자가 각자의 취향에 맞는 디자인을 확인할 수 있으며, 이를 통해 글로벌 소비자층에 효과적으로 접근할 수 있는 것이다. 이는 패션 브랜드가 그간 접할 수 없었던 다양한 소비자층을 유연하게 타기팅할 수 있는 장점으로 작용한다.

AI를 활용한 맞춤형 스타일링과 가상 피팅 시스템

버추얼 휴먼은 맞춤형 스타일링과 가상 피팅의 도구로서도 큰 역할을 수행하고 있다. AI와 결합한 버추얼 휴먼은 개별 소비자의 신체 데이터를 바탕으로 의류를 가상으로 피팅하는 기능을 제공해 소비자가 의류를 구매하기 전, 미리 자신의 스타일을 확인할 수 있도록 돕는다. 이는 특히 온라인 쇼핑에서 큰 강점을 발휘하는데, 실제로 옷을 착용해 볼 수 없는 온라인 쇼핑의 특성상 소비자들은 사이즈와 스타일 선택에 많은 불안감을 느낀다.

뉴욕 소재 AI 기업 '스리디룩(3D Look)'이 출시한 AI 기반 가상 피팅 서비스는 이러한 문제를 해결하기 위한 혁신적인 접근을 제공했다. 스리디룩은 스마트폰을 활용하여 신체를 계측하는 AI 기술로 맞춤형 의류 제작을 위한 데이터와 가상 피팅 설루션을 제공한다. 스리디룩의 설루션을 통해 의류 기업과 소비자는 신체 형태에 맞는 최적의 사이즈와 스타일을 온라인 환경에서 추천하고 선택할 수 있어, 쇼핑의 불확실성을 줄이고 반품과 교환에 따르는 비용을 절감할 수 있다.

또한, 버추얼 휴먼을 활용한 가상 피팅은 맞춤형 스타일링을 통해 소비자에게 개별화된 경험을 제공하는데, 이는 브랜드 충성도를 높이고 지속적인 소비자 관심을 유도하는 데에 효과적이다. 맞춤형 피팅 기술을 통해 고객은 자신에게 가장 잘 어울리는 스타일을 미리 확인함으로써 자신감을 가지고 의류를 구매할 수 있다.

버추얼 인플루언서와 패션 브랜드 마케팅

패션 브랜드는 버추얼 휴먼을 마케팅 전략의 중요한 요소로 활용하고 있으며, 특히 소셜 미디어와의 결합을 통해 높은 효과를 거두고 있다. 대표적인 예로 가상의 인플루언서 릴 미켈라(Lil Miquela)가 있다. 릴 미켈라는 여러 유명 패션 브랜드와의 협업을 통해 브랜드의 개성을 표현하고 있으며, 특히 젊은 소비자층에게 큰 호응을 얻고 있다.

버추얼 인플루언서의 주요 강점은 언제든지 특정 타

깃층을 겨냥하여 맞춤화된 콘텐츠를 제공할 수 있다는 점이다. 현실의 인플루언서와 달리 버추얼 인플루언서는 언제든지 브랜드의 메시지와 콘셉트에 맞게 조정할 수 있다. 릴 미켈라는 현실과 가상을 넘나드는 존재로서 현실의 제약 없이 다양한 스토리를 소비자에게 전달하며, 브랜드의 정체성을 효과적으로 표현할 수 있는 이상적인 매개체로 자리 잡았다.

또한 버추얼 인플루언서는 새로운 마케팅 전략을 열어 주고 있다. 실제 사람과 같은 감정 표현 · 개성 · 스타일을 지닌 버추얼 인플루언서들은 소비자와 소통하고, 특정 타깃층의 취향을 세심하게 반영해 콘텐츠를 제작할 수 있다. 이는 브랜드가 젊은 소비자층과 긴밀히 소통하고, 브랜드 충성도를 높이는 데에 중요한 역할을 한다.

버추얼 휴먼을 활용한 패션 산업의 ESG

패션 산업은 그간 생산, 유통, 소비 과정에서 대량의 자원과 에너지를 소모하고 막대한 탄소 배출을 유발하는 등 환경적인 비용이 큰 산업으로 꼽혀 왔다. 하지만 최근에는 기술의 발전을 통해 이러한 문제를 해결하고자 하는 노력이 이루어지고 있으며, 버추얼 휴먼 기술이 그 중심에 있다. 디지털 패션모델과 가상 피팅 시스템은 실제 의류 샘플 제작과 물류 비용을 절감하여 패션 산업이 환경에 미치는 영향을 줄이고 있으며, 이를 통해 소비자와 브랜드가 모두 지속 가능한 소비와 생산을 실천할 수 있는 가능성을 열어 주고 있다.

디지털 패션모델과 환경 보호

전통적인 패션쇼나 촬영을 위해서는 수많은 의상 샘플과 물리적 자원이 소모된다. 이러한 과정을 통해 제작된 샘플 의상은 때로는 대량 폐기되거나 재사용되지 않고 사라지는 경우가 대부분이다. 버추얼 휴먼을 활용한 디지털 패션 모델링은 이러한 문제를 크게 줄여 준다. 예를 들어, 디지털 패션쇼에서는 의상 샘플이 물리적으로 제작되지 않아도 되므로 원단, 물, 에너지를 대폭 절감할 수 있으며, 탄소 배출 역시 최소화된다.

예를 들어, 돌체앤가바나는 최근 버추얼 휴먼을 통해 현실감을 유지하면서도 디지털 패션쇼를 진행해 큰 반향을 일으켰다. 이는 물리적 장소나 의상 샘플이 필요하지 않으며, 이로 인해 발생하는 물류비와 에너지를 절약함으로써 패션 산업의 지속 가능성을 높이는 데에 일조했다. 또한, 이러한 디지털 쇼는 전 세계의 관객이 실시간으로 접근할 수 있어 물리적 쇼에 비해 접근성과 친환경성을 동시에 충족시키는 이점을 제공한다.

버추얼 휴먼 가상 피팅 시스템과 온라인 반품률 개선 사례

버추얼 휴먼 기술이 제공하는 가상 피팅 시스템은 소비자들이 구매 전 직접 피팅해 볼 수 없는 온라인 쇼핑에서 중요한 역할을 한다. 이 시스템은 AI와 버추얼 휴먼이 결합되어 소비자의 신체 데이터를 바탕으로 최적의 핏과 스타일을 제안함으로써 온라인 쇼핑의 불편함을 해소하고, 불필요한 반품과 교환을 줄여 주는 효과를 제공한다.

반품은 소비자 편의성 측면에서는 도움이 되지만, 사실상 배송 과정에서 다량의 탄소를 배출하고 포장 폐기물 문제를 유발하는 환경적 단점이 있다. 가상 피팅 시스템을 통해 소비자는 실제로 착용한 것과 유사한 경험을 얻고, 이를 통해 신뢰도 높은 구매 결정을 내리게 됨으로써 반품률을 낮출 수 있다. 예컨대, 스리디룩은 2024년에 출시한 AI 기반 가상 피팅 서비스에서 스마트폰을 활용한 신체 계측 AI 기술을 적용하여 신체 형태에 맞는 최적의 사이즈와 스타일을 온라인 환경에서 추천하고 선택할 수 있게 함으로써, 의류 반품과 교환에 따르는 자원 낭비를 줄이고 있다.

디지털 의류의 등장과 생산 자원의 절약

버추얼 휴먼을 활용한 디지털 의류는 물리적 생산을 완전히 배제한 새로운 패션 형태로, 패션 산업의 자원 낭비 문제를 획기적으로 해결하는 방안으로 떠오르고 있다. 네덜란드의 패션 브랜드 더 패브리칸트(The Fabricant)는 실제 옷을 생산하지 않고 디지털 환경에서만 존재하는 의류를 디자인하고 이를 버추얼 휴먼을 통해 선보이며 주목받고 있다.

더 패브리칸트는 물리적 제품 없이 디지털 방식으로 패션을 소비자에게 제공하는 가능성을 제시했다. 이는 패션이 반드시 물리적 형태로 존재해야 하는가에 대한 새로운 질문을 던지며, 소비자들에게도 개성을 표현할 수 있는 새로운 방식의 패션 경험을 제공한다. 특히, 이러한 디지털 의류는 게임, 소셜 미디어 플랫폼 등에서 아바타를 통해 착용하는 등 새로운 가상 환경 속에서 그 쓰임새가 확장되고 있다. 이를 통해 소비자들은 자원 낭비 없이 패션을 소비하고, 패션 브랜드는 친환경적인 접근을 통해 브랜드 이미지를 강화할 수 있다.

참고 문헌

3D Look(*n.d.*). Leverage your customers' body data to grow your

business. https://3dlook.ai/#
Chitrakorn, K.(2021.7. 12). What influencer marketing looks like in the metaverse. *Vogue Business*, https://www.voguebusiness.com/technology/what-influencer-marketing-looks-like-in-the-metaverse
Dolce & Gabbana. https://www.dolcegabbana.com
The Fabricant. https://www.thefabricant.com

05
버추얼 휴먼과 소셜 미디어

버추얼 인플루언서는 AI 기술로 만들어진 가상 캐릭터로, 소셜 미디어에서 인간 인플루언서와 유사한 역할을 수행하며 대중과 소통하고 있다. 이들은 AI의 자연어 처리 · 이미지 생성 기술을 통해 다양한 콘텐츠를 생산하며, 새로운 마케팅 전략으로 각광받고 있다. 본 장에서는 버추얼 휴먼과 소셜 미디어의 상호 작용, 그 활용 사례, 그리고 이에 따른 사회적 · 경제적 영향을 다룬다.

소셜 미디어에서의 버추얼 휴먼의 부상

버추얼 휴먼은 소셜 미디어에서 급격히 성장하며 다양한 콘텐츠를 생산하고 있다. 초기에는 디지털 아바타가 단순한 캐릭터로 등장했으나, 현재는 현실의 인플루언서와 거의 구별되지 않을 정도로 정교한 버추얼 휴먼들이 등장하고 있다.

버추얼 인플루언서는 AI 기술을 바탕으로 만들어진 가상의 존재로, 딥러닝과 자연어 처리 기술이 결합해 인간처럼 상호 작용할 수 있다. 이들은 사용자의 댓글에 반응하거나 대화형 콘텐츠를 제공해 실제 인간과의 소통을 모방한다. 대표적인 예로, 릴 미켈라는 소셜 미디어에서 수백만 명의 팔로워를 가지고 있으며, AI 기반의 콘텐츠 생성 기술을 활용해 정기적으로 인스타그램(Instagram) 게시물을 업데이트한다. 이러한 버추얼 인플루언서는 사용자 맞춤형 AI 알고리즘을 통해 특정 타깃층에 맞는 콘텐츠를 제작할 수 있어 마케팅 도구로서 강력한 경쟁력을 가지고 있다.

버추얼 인플루언서는 소셜 미디어의 특성을 적극적으로 활용하고 있다. 이들은 콘텐츠 생성의 유연성과 기획의 정밀성 덕분에 지속적이고 전략적인 브랜드 홍보가 가능하다. 이러한 특성은 인간 인플루언서가 가지기 어려운 이점으로 작용하며, 특정 타깃층을 공략한 맞춤형 마케팅에 특히 효과적이다. 또한, 버추얼 휴먼은 시간이 지나도 나이가 들지 않으며, 항상 동일한 이미지와 성격을 유지할 수 있다는 점에서 브랜드의 지속성과 일관성을 보장할 수 있다.

버추얼 인플루언서의 소셜 미디어 활용 사례

버추얼 인플루언서는 여러 브랜드와의 협업을 통해 소셜 미디어 마케팅의 새로운 지평을 열고 있다. 예를 들어, 샤넬(Chanel)과 프라다(Prada)와 같은 명품 브랜드는 버추얼 인플루언서를 활용하여 젊은 세대를 대상으로 한 홍보 캠페인을 전개하고 있다. 특히 릴 미켈라는 프라다와 협력하여 2018년 밀라노 패션위크에서 가상 캠페인을 진행하며 큰 화제를 모았다. 이러한 사례는 버추얼 인플루언서가 패션업계에서 중요한 마케팅 도구로 자리 잡고 있음을 보여 준다.

또한, 한국의 버추얼 유튜버(virtual YouTuber)인 스텔라이브(StelLive)는 소셜 미디어 플랫폼에서의 버추얼 휴먼의 잠재력을 잘 보여 준다. 스텔라이브는 유튜브에서 토크 쇼를 비롯한 다양한 콘텐츠를 통해 구독자들과 소통하며 큰 인기를 얻고 있으며, 특히 스텔라이브의 멤버인 아이리 칸나는 2024년 유튜브 구독자 15만 명을 돌파하며, 음악 플레이리스트를 공개하는 등 팬들과의 활발한 소통을 이어 가고 있다. 이러한 활동은 버추얼 휴먼이 소셜 미디어에서 엔터테인먼트 산업의 중요한 구성원으로 자리 잡을 수 있음을 입증하며 버추얼 유튜버가 단순한 콘텐츠 제공자를 넘어, 팬들과의 깊은 교류를 통해 영향력을 확대할 수 있음을 보여 준다.

참고 문헌

플레이보드(2024). 스텔라이브 StelLive Official 유투브 채널 분석 리포트.
https://playboard.co/channel/UC2b4WRE5BZ6SIUWBeJU8rwg

Chitrakorn, K.(2021.7. 12). What influencer marketing looks like in the metaverse. *Vogue Business*,
https://www.voguebusiness.com/technology/what-influencer-marketing-looks-like-in-the-metaverse

06
버추얼 휴먼과 방송

버추얼 휴먼은 방송 산업에 새로운 변화를 불러오며, 콘텐츠 창작의 다변화와 시청자와의 실시간 상호 작용을 가능하게 하는 중요한 요소로 자리 잡고 있다. 이들은 예능, 드라마, 뉴스 등 다양한 방송 프로그램에서 현실과 가상을 융합하는 독특하고 창의적인 형식을 통해 시청자들의 이목을 끌고 있다. 본 장에서는 버추얼 휴먼이 방송 산업에 미치는 영향, 그 성공적인 활용 사례, 그리고 이러한 발전이 미치는 사회적 함의에 대해 다룬다.

버추얼 휴먼과 AI 뉴스 앵커

최근 뉴스 프로그램에서 버추얼 휴먼을 활용한 AI 앵커를 어렵지 않게 찾을 수 있다. 제주특별자치도는 2024년 3월부터 AI 아나운서 '제이나(J-NA)'를 도정 정책 영상 뉴스 〈위클리제주〉에 투입하여 도민과 공직자들에게 다양한 정책 정보를 전달하고 있다. 제이나는 현실감 있는 외모와 생동감 있는 표현으로 뉴스를 전달하며 많은 시청자의 호응을 얻고 있다. 이러한 버추얼 뉴스 앵커는 하나의 설루션으로 다양한 언어의 글로벌 뉴스를 보도할 수 있어 국제적인 관심을 받고 있다.

중국에서도 국영 방송 신화사(Xinhua)에서 버추얼 뉴스 앵커 '신샤오멍(Xin Xiaomeng)'을 도입하여, 정확한 발음과 생동감 있는 표현으로 뉴스를 전달하고 있다.

버추얼 앵커는 인간 앵커와 달리 피로 없이 24시간 방송이 가능하며, 정보 전달에서 정확성을 유지할 수 있다는 장점을 가지고 있다. 이를 통해 방송사들은 효율적인 운영과 비용 절감의 효과를 얻고 있다. 제주특별자치도는 제이나의 활용 범위를 넓혀 2024년 7월에는 제이나가 직접 부른 노래 〈돌담〉을 뮤직비디오로 제작하여 공식 유튜브 채널에 공개하는 등 다양한 콘텐츠 제작에 AI 아나운서를 활용하기도 하였다. 이러한 사례들은 버추얼 휴먼과 AI 기술이 방송 산업에서 혁신적인 변화를 이끌고 있음을 보여 주며, 향후 다양한 분야에서의 활용 가능성을 시사한다.

드라마·영화에서의 버추얼 휴먼

드라마와 영화 분야에서도 버추얼 휴먼이 소재로 등장하거나 출연하는 사례가 늘어나고 있다. 현재 드라마에서 버추얼 휴먼이 주요 캐릭터로 기용된 사례는 아직 많지 않지만, 일부 작품에서 실험적으로 도입되고 있다. 예를 들어, 넷플릭스의 한국 드라마 〈나 홀로 그대(My Holo Love)〉에서는 주인공과 상호 작용하는 AI 홀로그램 캐릭터 '홀로'가 등장하여, 인간 배우와의 자연스러운 연기를 보여 준다. 이 캐릭터는 고도로 발전된 AI 기술을 바탕으로 감정 표현과 대화가 가능하며, 스토리 전개에 중요한 역할을 한다.

영화 분야에서는 〈알리타: 배틀 엔젤(Alita: Battle Angel)〉이 버추얼 휴먼의 적용 사례로 언급될 수 있다. 이 영화에서 주인공 알리타는 모션 캡처와 CGI 기술을 통해 구현된 캐릭터로, 인간 배우들과 함께 연기하며 스토리를 이끌어 간다. 알리타의 섬세한 감정 표현과 액션 연기는 버추얼 휴먼 기술의 발전 수준을 보여 준다.

이와 같은 실제 드라마와 영화에서의 버추얼 휴먼은 단순한 시각적 효과를 넘어, 스토리텔링의 중요한 요소로 자리매김하고 있으며, 제작자들에게 새로운 창작의 가능성을 열어 주고 있다. 또한, 버추얼 휴먼의 활용은 제작 비용 절감과 더불어 다양한 캐릭터 구현의 유연성을 제공하여, 더 창의적이고 실험적인 콘텐츠 제작을 가능하게 하고 있다.

참고 문헌

세계일보(2024.3.11). 제주도 정책 영상뉴스 앵커는 AI '가상인간' 아나운서 제이나.
https://www.segye.com/newsView/20240311514381

서울경제(2019.3.4). 中 신화통신, 이번엔 AI 여성앵커 선보여.
https://www.sedaily.com/NewsVIew/1VGGJ4UNXZ

Soriano, J.(2020.2.12). Review: K-drama "My Holo Love" highlights the role technology plays in loneliness. *Cinema Escapist*,
https://www.cinemaescapist.com/2020/02/review-my-holo-love/

07
버추얼 휴먼과 K-팝

K-팝 산업에서 버추얼 휴먼은 새로운 형태의 아이돌로 등장해 팬들과의 소통을 확장하고 있다. 버추얼 아이돌은 기존 K-팝 아이돌의 한계를 극복하며 글로벌 팬들에게 지속적인 콘텐츠를 제공하고 있다. 본 장에서는 버추얼 휴먼이 K-팝에서 어떻게 활용되는지, 그 성공 사례, 그리고 문화적 · 산업적 영향에 대해 다룬다.

K-팝에서의 버추얼 아이돌의 등장

버추얼 휴먼은 K-팝 산업에서 버추얼 아이돌의 형태로 팬들과의 소통을 확장하고 있다. 버추얼 아이돌은 물리적인 제약 없이 활동할 수 있기 때문에 기존 아이돌이 가진 한계를 뛰어넘는 장점을 제공한다. 예를 들어, 에스파(Aespa)는 현실의 멤버들과 버추얼 캐릭터가 공존하는 형태로 활동하며, 하이브리드 형태를 통해 더욱 풍부한 세계관과 팬들과의 새로운 소통을 만들어 내고 있다.

버추얼 휴먼은 또한 글로벌 팬들과의 접근성을 높이는 데에 중요한 역할을 한다. 현실의 아이돌은 활동 시간과 물리적 공간의 제약이 있지만, 버추얼 아이돌은 이러한 제약을 극복하고 언제 어디서나 팬들과 소통할 수 있다. 예를 들어, 버추얼 아이돌 카츄아(Katshua)는 소셜 미디어와 라이브 스트리밍 플랫폼을 통해 실시간으로 팬들과 소통하며, 글로벌 팬들에게 끊임없이 콘텐츠를 제공하고 있다. 이러한 특성은 K-팝의 글로벌화를 더욱 가속화하고 있다.

성공적인 버추얼 아이돌 사례

K-팝에서 버추얼 아이돌의 성공적인 사례로는 플레이브의 활동이 있다. 이 그룹은 2023년에 데뷔한 완전한 가

상 아이돌 그룹으로, 유튜브(YouTube) 구독자 수가 100만 명을 돌파하는 등 글로벌 팬층의 지지를 받고 있다. 플레이브는 독특한 콘셉트와 뛰어난 퍼포먼스로 팬들에게 몰입감 있는 경험을 제공하며, 현실과 가상의 경계를 허무는 새로운 형태의 K-팝 아이돌로 자리 잡았다.

또한, SM엔터테인먼트의 버추얼 멤버 '나비스(Navis)' 프로젝트는 팬들에게 현실의 멤버와 가상 멤버 간의 상호 작용을 통해 독특한 팬 경험을 제공하고 있다. 나비스는 에스파의 세계관에서 리얼 월드와 디지털 월드(광야)를 오갈 수 있는 P.O.S(포스)를 여는 능력을 통해 네 멤버들을 도와주는 조력자로 등장한 캐릭터인데, 이러한 가상 아이돌과의 상호 작용은 팬들이 그룹의 세계관에 더욱 몰입할 수 있도록 도와주며 가상의 멤버가 현실의 멤버와 공존하는 매력을 창출하고 있다.

이처럼 K-팝에서의 버추얼 휴먼 활용은 팬들과의 소통을 확장하고, 새로운 형태의 콘텐츠 소비를 가능하게 하고 있으며, 플레이브와 나이비스의 성공적인 사례는 버추얼 아이돌이 엔터테인먼트 산업에서 중요한 위치를 자리 잡고 있음을 보여 준다.

버추얼 아이돌의 비즈니스 모델

버추얼 휴먼은 K-팝의 글로벌 확산을 가속화하고 있으며, 팬들과의 상호 작용을 확장함으로써 새로운 형태의 문화적 경험을 만들어 내고 있다. 팬들은 버추얼 아이돌 멤버를 통해 현실의 한계를 초월한 다양한 스토리텔링과 비주얼 경험을 누릴 수 있고, 버추얼 아이돌은 다양한 국적과 배경을 반영할 수 있기 때문에 글로벌 팬들에게 더 포용적인 콘텐츠를 제공할 수 있다.

또한 버추얼 휴먼은 K-팝 산업의 수익 구조를 다변화하는 데에 기여하고 있다. 버추얼 아이돌을 활용한 디지털 굿즈와 NFT(non-fungible token: 대체 불가능 토큰) 시장은 팬들이 가상 공간에서도 아이돌과 연결될 새로운 방법을 제공하며, K-팝 산업의 디지털화를 촉진하고 있다. 이러한 디지털화의 흐름은 앞으로도 K-팝의 영향력을 더욱 강화하고, 팬들에게 혁신적인 콘텐츠를 제공하는 중요한 요소로 남을 것이다.

구체적인 사례로, 버추얼 아이돌 그룹 '이세계아이돌'은 2024년 1월 웹툰 '마법소녀 이세계아이돌' 단행본과 굿즈 발매를 위한 크라우드 펀딩에서 약 41억9889만 원을 모금하며 큰 성공을 거두었다. 또한, 버추얼 아이돌 플레이브는 2024년 8월 발매한 디지털 싱글 〈펌프 업 더

볼륨!〉으로 멜론 음원 차트 1위에 오르며, 굿즈 펀딩 금액만 약 42억 원을 달성하는 등 큰 인기를 얻고 있다.

이러한 사례들은 버추얼 아이돌이 디지털 굿즈와 NFT를 통해 새로운 수익 모델을 창출하고, 팬들과의 소통을 확장하며, K-팝 산업의 새로운 비즈니스 모델을 창출하고 있음을 보여 준다.

참고 문헌

연합뉴스(2021.7.19). 듣는 음악에서 다시 '갖는' 음악으로?…NFT 뛰어드는 K팝.
https://www.yna.co.kr/view/AKR20210719094500005

조선일보(2024.1.29). 굿즈 펀딩 41억 역대 최고·빌보드 3위… K팝 스타 안 부러운 '가상 아이돌'.
https://www.chosun.com/culture-life/culture_general/2024/01/29/NULG5SXWIBGVVH3WMYL6KCEZD4/

플레이보드(2024). PLAVE 플레이브 채널의 유투브 구독자 통계.
https://playboard.co/channel/UCPZIPuQPrfrUG9Xe_okEmQA/subscribers

MBC News(2024.8.22). 굿즈로만 41억을 벌었다고? 빌보드 K팝 차트까지 진출한 버추얼 아이돌 시장 근황.
https://imnews.imbc.com/original/14f/6629484_29052.html

SM Entertainment. https://www.smentertainment.com

SM Entertainment(2024). Blurring the lines between reality and virtual: K-pop's new frontier.

Asian Pop Weekly. https://www.asianpopweekly.com

08
버추얼 휴먼과 공간 컴퓨팅

오늘날 우리는 물리적인 세상을 넘어 가상 공간에서 상호 작용할 수 있는 시대에 살고 있다. 물리적 공간과 가상 공간을 연결하는 공간 컴퓨팅 기술이 어떻게 발전하고 있는지, 버추얼 휴먼과 어떤 연관성이 있는지 살펴본다.

공간 컴퓨팅이란

공간 컴퓨팅(spatial computing)이란 우리가 사는 현실 세계와 디지털 가상 세계를 어떻게 연결하느냐에 대한 기술이다. 기본적으로 물리적 공간과 디지털 정보가 결합하여 새로운 형태의 상호 작용이 가능케 하는 것이 공간 컴퓨팅의 기본 개념이다.

공간 컴퓨팅을 대표하는 기술은 증강 현실, 가상 현실, 그리고 혼합 현실(mixed reality, MR), 이 세 가지로 분류된다. 증강 현실은 현실 세계에 디지털 정보를 덧붙여 보여 주는 기술로, 스마트폰 화면을 통해 실제 환경 위에 가상의 물체를 띄우거나 길을 안내해 주는 내비게이션 정보가 화면에 나타나는 것 등이 증강 현실 기술이다. 〈포켓몬 GO〉는 증강 현실 기술을 활용한 게임의 대표적인 예다. 반면, 가상 현실은 사용자가 현실과 전혀 다른 가상 공간에 몰입하게끔 하는 기술로, 보통 VR 헤드셋을 쓰고 가상 공간을 돌아다니거나 그 안에서 발생하는 일들을 직접 체험할 수 있다. 메타 퀘스트(Meta Quest)와 같은 VR 기기를 착용하여 가상 현실을 체험할 수 있다. 혼합 현실은 현실 세계와 가상 세계가 동시에 공존할 수 있는 환경을 만들어 내는 기술이다. 예를 들어, MR 기술을 통해 현실의 책상 위에 가상의 3D 모델을 올려 두고 그 모델을 실제 손으로 만지듯이 조작할 수 있다. 마이크로소프트(Microsoft)에서 개발한 홀로렌즈는 이러한 용도로 만들어진 기기로, 현실 공간에 물체를 띄우고 조작할 수 있도록 한다. 이 세 가지 기술은 공간 컴퓨팅에서 중요한 축을 이루고 있고, 가상과 현실을 넘나드는 새로운 경험을 가능하게 만든다.

빅테크를 포함한 많은 기업이 공간 컴퓨팅을 차세대 컴퓨팅 개념으로 생각하고 이를 발전시키고자 노력하고 있다. 페이스북은 사명을 메타(Meta)로 바꿀 만큼 공간 컴퓨팅 기반의 메타버스를 만드는 데에 집중하고 있고, 애플 또한 비전 프로를 제작하면서 새로운 방식의 컴퓨팅 인터페이스를 만들고 대중화하고자 노력하고 있다.

공간 컴퓨팅과 버추얼 휴먼의 결합

컴퓨터가 발명된 이후로 그 상호 작용 방식과 폼 팩터가 발전하고 바뀌고 있지만 컴퓨터의 본질적인 목적은 디지털 정보 처리뿐만 아니라, 사람과의 소통이라고 할 수 있다. 공간 컴퓨팅 기반의 소통을 위해서는 사람을 표현할 수 있는 방식이 필요하며 이는 버추얼 휴먼 기술을 통해 달성될 수 있다. 버추얼 휴먼은 형태가 다양하지만 주로 3D 모델로 구현되어 활용되는 경우가 많고 이러한 특징 덕분에 공간 컴퓨팅과 함께 고려해서 활용하려는 시도가 자연스럽게 생길 수밖에 없다. 기존의 버추얼 휴먼 기술은 가상 인플루언서와 같이 세상에 없던 사람을 만드는 것이 주요 활용처이지만, 공간 컴퓨팅과 결합한 버추얼 휴먼 기술은 현실의 사용자를 그대로 복원하는 기술이 중요하다.

현실의 경험을 가상의 경험과 자연스럽게 연결한다는 관점에서 현실의 사용자를 똑같이 복원하는 것은 매우 중요하다. 현실과 가상의 구분이 흐릿해야 하기 때문이다. 애플의 비전 프로를 보면 이러한 관점에서 고민한 흔적이 보인다. 비전 프로가 제공하는 페르소나(Persona)라는 기능을 살펴보면 사용자를 기기의 카메라를 통해 스캔하여 3D로 복원하는 기능이 있다. 이를 통해 복원된 3D 아바타는 사용자와 흡사하게 생겼으며 기기를 통해 파악된 사용자의 표정과 움직임을 그대로 투영하여 똑같이 움직일 수 있도록 해 두었다. 이를 통해 상대방은 3D 아바타로 복원된 나를 보지만 현실의 나와 동일하게 인식할 수 있다. 이러한 기술은 원격 근무나 온라인 교육 등에서도 유용하게 활용될 수 있는데 물리적으로 서로 다른 공간에 있는 사람들이 마치 한 공간에 있는 것처럼 소통할 수 있게 된다.

공간 컴퓨팅과 버추얼 휴먼의 미래

앞으로 공간 컴퓨팅과 버추얼 휴먼 기술은 앞으로 우리 일상생활에 큰 영향을 미칠 것이다. 가상 세계와 현실 세계의 경계가 점차 희미해져 가면서 더 많은 디지털 경험을 하게 되고 사회적·문화적 변화를 이끌어 낼 것이다. 버추얼 휴먼과 공간 컴퓨팅 기술을 통해 장애가 있는 사람들이 가상 공간에서 원하는 활동을 자유롭게 경험할 수 있게 되는 등 물리적 제약은 점차 줄어들 것이다.

또한, 산업, 교육, 의료 등 다양한 분야에 걸쳐 변화가 생길 것이다. 건설 현장에서 혼합 현실 기술을 통해, 설계된 건물이나 기계 부품을 실제 현장에서 3D 모델로 시각화하고, 이를 조작하며 검토하는 작업이 이루어지고 교육 분야에서는 가상 교실이나 VR 실험실을 통해 학생들이 직접 실험하고 학습하는 방식이 보편화될 것이다. 의료 분야에서는, 버추얼 휴먼 기술을 통해 의사와 환자가 가상 공간에서 소통하며, 의료 상담이나 심리 치료를 실시간으로 받을 수 있게 되고 재활 훈련 등이 이뤄질 것이다. 모바일 컴퓨팅이 세상을 아주 많이 변화시킨 것처럼 공간 컴퓨팅과 버추얼 휴먼 기술 또한 세상을 아주 많이 변화시킬 것은 분명해 보인다.

참고 문헌

배순한(2023.8.28). 공간 컴퓨팅(Spatial Computing)이 만드는 새로운 현실. ≪딜로이트 인사이트≫, https://www2.deloitte.com/kr/ko/pages/technology-media-and-telecommunications/articles/2023/20230828.html

Apple Vision Pro. https://www.apple.com/vision-pro

Google Arts & Culture. https://artsandculture.google.com/

09
버추얼 휴먼과 글로벌 기술 동향

버추얼 휴먼은 인공지능, 공간 컴퓨팅 기술과의 융합을 통해 빠르게 발전하고 있다. 주요 국가와 기업들은 AI 기반 버추얼 휴먼을 다양한 산업 혁신에 활용하고 있으며,
엔터테인먼트 · 마케팅 · 교육 등 여러
분야에서 그 응용이 확장되고 있다. 본 장에서는 버추얼 휴먼의 발전과 연관된 최신 글로벌 기술 동향, 주요 기업 · 국가의 전략, 그리고 향후 기술 발전 방향을 다룬다.

글로벌 시장 확장과 산업별 응용

버추얼 휴먼 기술은 최근 몇 년 동안 빠르게 발전하며 다양한 산업 분야에서 중요한 역할을 차지하고 있다. 초기에는 주로 게임·영화 산업에서 활용되었지만, 현재는 그 영역을 넘어 광고·패션·헬스케어·교육 등 다양한 분야로 확장되고 있다. 가상 인플루언서나 디지털 모델들은 이미 유명 브랜드의 캠페인에서 중요한 역할을 맡고 있으며, 이러한 트렌드는 특히 소셜 미디어와 결합하면서 더욱 가속화되고 있다. 글로벌 시장에서 버추얼 휴먼의 수요는 꾸준히 증가하고 있으며, 기술 발전과 함께 그 활용 가능성도 무한히 확장되고 있다.

게임·영화 산업은 버추얼 휴먼 기술의 주요 활용 분야로, 가상 캐릭터와 현실감을 높이기 위한 3D 모델링과 애니메이션 기술의 발전이 중요한 역할을 했다. 게임에서는 NPC(non-player character, 비플레이어 캐릭터)가 더는 단순한 배경 인물이 아니라, 현실처럼 반응하고 상호 작용하는 진짜 사람처럼 보일 수 있다. 영화 산업에서도 버추얼 휴먼을 이용한 디지털 인간들이 등장하면서, CGI 기술을 통해 실제 배우의 모습을 재현하거나 전혀 새로운 캐릭터를 창조하는 데에 쓰이고 있다. 이러한 기술은 영화 제작 비용을 줄이고, 시간과 공간의 제약을 넘는 창의적인 표현을 가능하게 한다.

게다가 광고와 브랜딩 분야에서도 버추얼 휴먼의 활용이 눈에 띄게 증가하고 있다. 디지털 인플루언서들은 기업들이 소셜 미디어에서 더 효과적으로 소비자와 소통할 수 있게 도와준다. 예를 들어, 가상 인플루언서인 릴 미켈라는 패션 브랜드와 협업하여 제품을 홍보하고 있다. 이들은 기존의 실존 인플루언서들과 비슷한 방식으로 광고 효과를 높이고 더 넓은 시장을 겨냥할 수 있는 강력한 마케팅 도구로 자리 잡고 있다.

헬스케어와 교육 분야에서도 버추얼 휴먼 기술이 빠르게 적용되고 있다. 특히 가상 의사나 가상 상담원은 환자들에게 원격 진료와 심리 상담을 제공하는 데에 유용하게 쓰이고 있다. VR과 AR을 활용한 교육에서도 학생들에게 더 몰입감 있는 학습 경험을 제공하며, 가상 교사나 3D 실험을 통해 학생들이 실제와 같은 경험을 쌓을 수 있도록 도와준다. 이러한 변화는 특히 원격 교육과 원격 의료가 확산되는 글로벌 환경에서 버추얼 휴먼 기술의 중요성을 더욱 부각하고 있다. 이처럼 버추얼 휴먼은 다양한 산업에 걸쳐 기존의 시스템을 혁신하고 있으며, 앞으로 더 많은 분야에서 영향력을 확대해 나갈 것이다.

버추얼 휴먼과 인공지능

최근 몇 년간, 버추얼 휴먼과 인공지능의 융합은 급격히 발전하며 새로운 차원의 상호 작용을 가능하게 만들고 있다. 특히 미국의 빅테크 기업들은 AI와 결합된 버추얼 휴먼을 통해 가상 인플루언서, 가상 비서, 가상 상담원 등의 혁신적인 디지털 서비스를 제공하고 있다. 메타, 구글, 애플, 그리고 오픈AI를 포함한 다양한 스타트업이 AI 기반의 버추얼 휴먼 기술에 막대한 투자를 하고 있으며, 이 기술은 점차 더 자연스럽고 몰입감 있는 상호 작용을 가능하게 하고 있다. 이러한 발전은 버추얼 휴먼이 단순히 3D 캐릭터로서의 역할을 넘어, 사용자의 감정과 요구를 이해하고 대응하는 지능형 존재로 진화하는 데에 중요한 기여를 하고 있다.

메타는 AI와 버추얼 휴먼을 결합한 기술을 통해 메타버스 내에서의 상호 작용 방식을 혁신하려 하고 있다. 메타는 자사의 메타버스 플랫폼인 호라이즌 월드(Horizon Worlds)에서 사용자와 가상 캐릭터들이 자연스럽게 소통할 수 있도록 AI 기술을 접목했다. 특히, 표정 인식 기술을 통해 가상 캐릭터는 사용자의 얼굴 움직임을 실시간으로 파악하고 그에 맞게 표정을 짓는다. 이러한 기능은 게임, 소셜 미디어, 심지어 고객 서비스 분야에서도 활용될 수 있는 중요한 기술이며, 버추얼 휴먼이 단순한 '애니메이션 캐릭터'를 넘어 디지털 인간으로서의 기능을 완벽하게 수행할 수 있게 한다.

한편, 오픈AI는 AI 기반의 자연어 처리 모델을 개발하여 버추얼 휴먼 기술에 크게 영향을 미치고 있다. 챗GPT(ChatGPT)와 같은 오픈AI의 모델은 이제 대화형 버추얼 휴먼의 핵심으로 자리 잡았다. 오픈AI의 GPT 모델은 사람과의 대화를 더욱 자연스럽고 몰입감 있게 만들어 주며, 이를 기반으로 한 버추얼 휴먼은 단순한 반응을 넘어서, 심리적 뉘앙스를 파악하고 정교한 대화를 이어 갈 수 있다. 예를 들어, 오픈AI의 기술을 활용한 가상 상담원은 고객의 감정과 요구를 분석하여 적절한 설루션을 제공하고, 가상 비서는 사용자의 취향을 학습하여 더욱 개인화된 서비스를 제공한다. 이처럼 오픈AI는 버추얼 휴먼과 AI의 결합을 통해 인간과의 상호 작용을 현실감 있게 만들어 가고 있으며, 다양한 분야에서 이 기술을 상업화하려는 움직임이 활발히 이루어지고 있다.

버추얼 휴먼과 AI의 융합은 단순히 기술적 진보를 넘어서, 사회적 상호 작용을 변화시키는 중요한 요소로 떠오르고 있다. 미국의 빅테크와 스타트업들이 주도하는 이 혁신은 사람과 기술 사이의 경계를 허물고, 인공지능을 통한 인간적인 교감을 실현하는 방향으로 나아가고 있다. 앞으로 더욱 고도화된 AI 기술이 접목될수록, 버추얼 휴먼은 비즈니스, 엔터테인먼트, 교육 등 다양한 분야에서 현실감 넘치는 존재로 자리 잡을 가능성이 커질 것이다.

버추얼 휴먼 글로벌 규제 동향

버추얼 휴먼 기술이 빠르게 발전함에 따라, 그에 따른 윤리적 문제들도 주요한 사회적 논의의 중심에 서게 되었고 버추얼 휴먼의 정체성 · 권리 · 책임 등과 관련된 윤리적 문제가 대두되고 있다. 예를 들어, 버추얼 휴먼이 사람의 감정을 정확히 분석하고 반응할 수 있지만, 그 감정과 반응이 진정한 '인간의 감정'이 아닌 인공지능의 예측에 불과하다는 점에서 진실성에 대한 의문이 제기된다. 또한, 버추얼 휴먼이 특정 기업이나 개인의 이익을 대변할 경우, 그들이 전달하는 메시지가 사이버 왜곡이나 허위 정보를 포함할 위험성도 존재한다.

아직은 버추얼 휴먼 기술에 대해 직접적으로 규제하지는 않지만 버추얼 휴먼 기술의 많은 부분이 AI 기술에 기반한다는 점을 고려해 AI 규제 동향을 따라가야 함은 분명해 보인다. EU는 이미 AI 윤리 가이드라인을 발표

하며, 버추얼 휴먼을 포함한 AI 기술의 투명성과 책임성을 높이기 위한 규제를 마련하고 있다. 특히 EU의 인공지능 법안은 AI 시스템의 사용에 대한 안전성, 데이터 보호, 그리고 비차별적 접근을 보장하는 내용을 담고 있다. 또한, 버추얼 휴먼과 상호 작용을 하는 과정에서 수집되는 개인 정보를 「일반개인정보보호법」에 따라 처리하고 보호해야 한다.

버추얼 휴먼 · AI와 관련된 윤리적 문제와 규제는 국가마다 다른 접근을 보이고 있지만, 공통적인 목적은 기술의 발전이 사회적 안전과 윤리적 책임을 동반할 수 있도록 하는 것이다. 버추얼 휴먼은 인간과의 상호 작용에서 점차 중요한 역할을 차지하고 있으며, 그 발전에 따라 인간의 정체성과 자아의 개념에도 영향을 미칠 가능성이 있고 산업 구조에도 큰 영향을 미칠 수 있다. 따라서 각국은 기술의 발전 속도를 반영하면서도, 버추얼 휴먼이 사람들의 권리를 침해하거나 사회적 갈등을 초래하지 않도록 규제의 방향을 조정하고 있다. 앞으로 버추얼 휴먼 기술이 계속해서 발전함에 따라, 이에 대한 글로벌한 규제와 윤리적 기준의 정립은 더욱 중요한 이슈로 부각될 것이다.

주요 국가와 기업들의 버추얼 휴먼 전략

글로벌 시장에서 주요 국가와 기업들은 버추얼 휴먼 기술을 통해 산업 혁신을 선도하고 있다. 한국에서는 특히 K-팝과 연계한 버추얼 아이돌의 인기가 커지면서 버추얼 휴먼 기술을 문화 콘텐츠 산업에 적극적으로 활용하는 사례가 늘고 있다. SM엔터테인먼트는 버추얼 멤버를 활용해 현실과 가상이 융합된 아이돌 그룹을 운영하고 있다. 이는 K-팝이 글로벌 팬들에게 새로운 형태의 경험을 제공할 때 중요한 역할을 하고 있다.

한편, 중국의 알리바바(Alibaba)는 버추얼 휴먼 기술을 활용하여 자사의 전자 상거래 플랫폼에서 고객들에게 더욱 풍부한 쇼핑 경험을 제공하려고 시도하고 있다. 실제 알리바바는 2022년 동계 올림픽에서 가상 인플루어서 '동 동'을 선보인 적이 있다.

미국의 빅테크 중 하나인 엔비디아(NVIDIA)는 자사의 AI 기술을 통해 역동적인 게임 캐릭터를 위한 사실적인 아바타를 제작할 수 있는 도구를 제공하고 있다. NVIDIA ACE, NVIDIA NeMo, NVIDIA RTX 등의 기술을 통해 버추얼 휴먼을 조립하듯이 쉽고 빠르게 제작할 수 있도록 한다. 이러한 기술을 토대로 엔비디아는 시그래프(SIGGRAPH) 2024에서 인터랙티브 디지털 휴먼

(interactive digial human)인 제임스(James)를 선보이기도 했다.

참고 문헌

인공지능신문(2024.8.1). 엔비디아, 새로운 AI 디지털 휴먼 기술 도입…산업 전반 고객 인터랙션 향상. https://www.aitimes.kr/news/articleView.html?idxno=31851

한국콘텐츠진흥원(2023). 중국 콘텐츠산업의 미래, 버추얼 휴먼과 가상 아이돌. ≪중국 콘텐츠 산업동향≫, 23-17호. https://www.kocca.kr/shortUrl/OG9p

NVIDIA Korea(2024.3.25). AI 캐릭터에 생명을 불어넣는 NVIDIA 디지털 휴먼 기술. https://blogs.nvidia.co.kr/blog/nvidia-digital-human-technologies-bring-ai-characters-to-life-6900750/

SM Entertainment. https://www.smentertainment.com

AppleVision Pro. https://www.apple.com/vision-pro

Meta. https://about.meta.com

10
버추얼 휴먼과 AI 윤리

버추얼 휴먼 기술의 발전은 많은 가능성을 열어 주는 동시에 윤리적 문제도 야기하고 있다. 데이터 프라이버시, 감정적 착취, 그리고 딥페이크의 오용 등은 중요한 윤리적 도전 과제로 대두되고 있다. 본 장에서는 버추얼 휴먼과 관련된 주요 윤리적 쟁점들, 이를 해결하기 위한 기술적 · 정책적 노력, 그리고 앞으로의 방향성을 다룬다.

버추얼 휴먼의 데이터 프라이버시 문제

버추얼 휴먼은 사용자와 상호 작용하며 개인화된 경험을 제공한다. 이 과정에서 사용자의 검색 이력, 대화 패턴, 관심 콘텐츠 등이 수집되고 분석되며, 사용자가 선호하는 스타일이나 취향을 기반으로 맞춤형 광고와 제품 추천에 활용되기도 한다. 이러한 데이터 수집은 사용자 경험을 향상하기 위한 목적이지만, 다량의 데이터를 수집하고 분석하는 과정에서 몇 가지 윤리적 문제가 발생할 수 있다.

먼저 버추얼 휴먼의 성능 향상을 위해 필요 이상의 민감한 개인 정보를 수집하여 프라이버시 침해 문제가 발생할 수 있다. 대량의 데이터를 빠르게 처리하는 과정에서 민감한 개인 식별 정보가 노출될 위험도 존재한다. 이에 더하여 수집된 데이터의 보관과 삭제 절차가 불분명하거나 데이터 수집 과정의 투명성과 사용자 동의 절차가 충분히 확보되지 않는 경우, 프라이버시 침해의 위험이 크다.

버추얼 휴먼의 데이터 프라이버시 문제를 해결하려면 필요한 최소한의 데이터만 수집하고 처리하는 원칙을 준수해야 하며, 데이터 수집 · 이용 과정에서 사용자에게 충분한 정보를 제공하는 투명성을 강화해야 한다. 또한 개인이 자신의 데이터 사용에 대해 통제할 수 있는 법적 · 제도적 장치 마련과 윤리적 가이드라인 수립이 필요하다.

버추얼 휴먼의 감정적 착취: 감정적 유대 조작의 위험성

버추얼 휴먼이 사용자와 정서적으로 연결되는 능력을 갖추고 있다는 점은 사용자 경험을 강화하는 요소가 되기도 하지만, 과도하게 상업적인 목적으로 사용될 경우 감정적 착취로 이어질 위험이 존재한다.

기업이 상업적 목적으로 제작한 버추얼 휴먼은 특정 제품에 대한 소비를 유도하기 위한 감정적 유대를 형성하기도 한다. 사용자가 버추얼 휴먼과 대화하며 자신이 느끼는 감정이나 관심사를 공유하는 상황에서 수집된 데이터는 단순히 사용자의 취향 파악에 그치지 않고 상업적 이익을 위해 더욱 세밀하게 분석될 수 있다. 예를 들어, 사용자의 소비 성향을 분석해 특정 시기에 소비할 가능성이 큰 제품을 추천하거나, 특정 패션 트렌드에 대한 반응을 예측해 마케팅 전략을 조정하는 방식이 이에 해당한다. 이를 통해 브랜드는 더욱 정확하고 타기팅된 마케팅을 펼칠 수 있게 되지만, 청소년이나 감정적으로 취약한 사용자의 경우 상업적 이익을 위해 만들어진 버추얼 휴먼의 감정적 유대 조작으로 특정 제품의 소비를 과도하게 촉진하거나 사용자가 과도한 시간과 비용을 지출하도록 유도될 수 있다. 상업적 목적을 위한 버추얼 휴먼의 감정적 유대 조작을 방지하기 위한 윤리적 기준의 구체적인 논의가 필요한 시점이다.

딥페이크와 관련된 윤리적 이슈

버추얼 휴먼 기술의 발전과 함께 딥페이크(deep fake) 기술의 오용도 중요한 윤리적 문제로 떠오르고 있다. 딥페이크는 AI를 이용해 실제 인물의 모습을 사실처럼 합성하는 기술로, 산업에 적용될 경우 실제와 같은 강력한 가상 현실 경험을 제공할 수 있지만, 그와 동시에 사회적 혼란과 개인 정보 침해라는 부정적 결과를 초래할 위험도 존재한다.

딥페이크와 개인 정보 침해

딥페이크와 버추얼 휴먼 기술은 특정 인물의 얼굴 · 목소리 · 행동 등을 모방하여 가상의 콘텐츠를 제작할 수 있는 기술로, 개인의 동의 없이 얼굴이나 목소리 등의 신상 정보를 기반으로 콘텐츠가 제작되는 경우 심각한 윤리적 문제를 일으킬 수 있다.

예를 들어, 동의 없이 특정 인물의 얼굴이 딥페이크 콘텐츠에 활용되면 이는 개인 정보 침해에 해당하며, 해당 인물의 명예를 심각하게 훼손할 수 있다. 특히 피해자의 얼굴을 합성한 음란물이 제작되는 경우는 피해자에게 심각한 정신적 · 사회적 피해를 초래하며, 명예 훼손뿐만 아니라 인격권 침해에도 해당한다. 최근 일반인의 얼굴을 합성한 딥페이크 음란물이 무차별적으로 유포되어 큰 사회적 혼란을 일으키며, 당사자들에게 심각한 명예 훼손 피해가 발생하며 사회적 문제로 부각되었다.

딥페이크의 현실 왜곡과 악용 사례

딥페이크 기술은 실제와 구분하기 어려운 가짜 콘텐츠를 만들 수 있기 때문에, 이를 악용하면 현실을 왜곡하거나 여론을 조작하는 데에 사용될 수 있다. 이는 사회 전반에 혼란을 초래하며, 정보 신뢰성을 저하할 수 있다.

정치인이나 유명인의 발언을 조작한 허위 영상이나 가짜 뉴스로 논란이 된 사례도 있다. 2022년 6월 지방 선거에서는 윤석열 대통령이 특정 후보를 지지하는 내용의 'AI 윤석열' 영상이 유포되었는데, 이는 딥페이크 기술을 정치적으로 악용한 대표적인 사례로 꼽힌다.

이러한 딥페이크의 정치적 악용 방지를 위해 다양한 제도가 도입되고 있다. 2023년 12월에는 선거일 90일 전부터 선거일까지 생성형 AI 기술로 만든 가상의 선거 홍보 자료의 유통을 금지하는, 이른바 '딥페이크 선거 운동 금지법안'이 대한민국 국회를 통과했다. 중앙선거관리위원회도 2024년부터 AI 기술이 포함된 프로그램으로 만든 선거 운동에 관한 규제와 모니터링을 시작하였다.

버추얼 휴먼과 AI 윤리 문제의 해결

버추얼 휴먼과 딥페이크 기술의 발전은 패션 · 엔터테인먼트 · 교육 등 다양한 산업에서 혁신적인 가능성을 제공하고 있지만, 그와 동시에 윤리적 문제와 사회적 혼란을 야기할 수 있는 잠재성을 지니고 있다. 특히 개인 정보 침해와 현실 왜곡, 감정적 착취 등은 기술의 남용으로 인한 부정적 영향을 극대화할 수 있으므로 이러한 문제를 해결하기 위한 기업 · 정부의 대응이 유기적으로 작동할 필요가 있다.

자율 규범 성격의 AI 윤리 가이드라인

AI 산업의 발전을 촉진하는 동시에 악용을 방지하기 위해서는 제도적 장치 마련이 필수적이다. 한국 정부는 법적 강제력이 있는 규제가 아닌 자율 규범 성격의 AI 윤리 가이드라인을 제시하며 기술의 발전과 윤리적 사용의 균형을 유도하고 있다. 2024년에는 분야별로 구체적인 자율 점검표를 제공하며 분야별 특수성을 반영한 실질적인 윤리 준수 가이드라인을 제시하였다. 인권 보장, 프라이버시 보호 등 AI 윤리 원칙을 구성하는 10대 핵심 요건을 제시하고 세부 점검 문항을 제시하며 이전보다 실천적인 가이드라인을 제시하였다. 이와 함께 AI 윤리 기준의 보편성 제고를 위한 글로벌 협력과 청소년 대상 AI 윤리 교육의 필요성을 강조하기도 하였다.

구체적인 사례로, 2024년 5월 서울에서 개최된 'AI 서울 서밋'에서 "안전하고 혁신적이며 포용적인 AI를 위한 서울 선언"이 채택되었다. 이 선언은 AI 기술의 안전한 개발과 활용을 위한 국제적 협력을 강조하며, AI 윤리 기준의 보편성 제고를 위한 글로벌 협력의 중요성을 부각했다.

또한, 한국지능정보사회진흥원(NIA)은 AI 윤리 교육의 일환으로 청소년을 대상으로 한 AI 윤리 교육 프로그램을 개발하여, 미래 세대가 AI 기술을 윤리적으로 활용할 수 있도록 지원하고 있다. 이러한 노력은 AI 기술의 발전과 함께 윤리적 사용에 대한 사회적 인식을 높이는 데에 기여하고 있다.

이러한 사례들은 한국이 AI 기술의 발전과 윤리적 사용의 균형을 맞추기 위해 자율 규범 성격의 AI 윤리 가이드라인을 제시하고, 이를 실천하기 위한 구체적인 방안을 마련하고 있음을 보여 준다.

기업의 자발적인 윤리 기준 수립

정책적 대응을 아무리 빠르게 추진하여도 기술 발전의 속도를 따라잡기에는 한계가 있으므로, 버추얼 휴먼의 윤리적 과제를 근본적으로 해결하기 위해서는 기업의 자발적인 윤리 기준 수립과 노력이 전제되어야 한다. 예를 들어, 사용자와의 신뢰와 투명성 제고를 위하여 데이터 수집 · 이용과 관련된 동의 절차를 버추얼 휴먼과 사용자의 대화 프로세스에 의무적으로 삽입하고 관련 기록을 문서화하여, 요청이 있는 경우 제공하는 것이 도움이 될 수 있다. 이처럼 기업의 자발적인 윤리 기준 수립은 기술 남용을 억제하고 사용자의 신뢰를 확보하여 산업의 지속적인 성장에 기여할 수 있다.

윤리적 대응을 통한 버추얼 휴먼의 가치 증진

버추얼 휴먼은 사용자의 경험을 혁신하고 다양한 분야

에서 사회적 가치를 창출하는 데에 중요한 역할을 하고 있다. 예를 들어, 영화 제작에서는 고인이 된 배우를 재현하거나 가상의 캐릭터를 사실적으로 구현하여 몰입감을 높일 수 있다. 교육 분야에서는 역사적 인물이나 사건을 디지털로 재현하여 학생들에게 몰입감 있는 학습 경험을 제공하는 등 사회적 가치를 창출할 수 있다. 하지만 이러한 기술이 책임감 있게 사용되지 않는다면 개인 정보 침해, 감정적 착취, 현실 왜곡 등의 부정적 결과를 초래할 수 있다.

무한한 성장 잠재력을 지닌 새로운 시장이지만, 기존의 법질서로 통제되지 않는 사각지대에서 발생할 수 있는 윤리적 과제를 해결해야만 우리 사회에 지속적으로 긍정적인 영향을 미치는 산업으로 자리 잡을 수 있다. 버추얼 휴먼 기술이 사회에 긍정적인 영향을 미치며 지속가능한 발전을 이어 나갈 수 있도록 정부 · 기업 등 산업을 구성하는 모두가 함께 윤리적 기준을 마련하고 책임감 있는 접근을 이어 나가기를 기대한다.

참고 문헌

Fisher, A. (in press). Emotion and ethics in virtual reality. *Australasian Journal of Philosophy.*

https://philarchive.org/rec/FISEAE-3
Gremsl, T., & Hödl, E. (2022). Emotional AI: Legal and ethical challenges. *Information polity*, 27(2), pp.163-174.
Sure, T. A. R.(2023). Ethical implications of deepfake technology in user interfaces. *International journal of computer techniques*, 10(2), pp.1-5.
The EU Artificial Intelligence Act. https://artificialintelligenceact.eu/

이동윤

디지털휴먼 스타트업 ㈜앙트러리얼리티의 공동 창업자이자 대표 이사다. 카이스트(KAIST) 산업 및 시스템공학과를 졸업했으며, 한국특허전략개발원의 표준특허전략맵 공간컴퓨팅(Spatial Computing) 전략위원과 메타버스얼라이언스의 미래전략분과위원으로 활동하고 있다. ㈜인바디 AI개발팀에서 실감형 인공지능을 활용한 생체 분석 프로젝트의 PM을 맡았다. ㈜앙트러리얼리티의 제품 책임자로서 디지털 휴먼 '트위닛 AI', 증강 현실 아바타 플랫폼 '어나더타운'의 개발과 글로벌 출시를 리드하며 CES2024혁신상과 제23회 모바일기술대상 과학기술정보통신부 장관상을 수상했다.